Ingrid Riedel
Beseelte Orte

Ingrid Riedel

Beseelte Orte

Plätze der Natur – Stätten der Kultur – Räume der Spiritualität

Kreuz

Inhalt

Düne am Strand von Fuerteventura

1. Beseelte Orte – Einleitung

Magische Stätten, Orte der Kraft, Kultplätze – oder besser »Kulturplätze«[1] – haben in den letzten Jahrzehnten eine ungeahnte Faszination ausgelöst. Auch mich faszinieren diese Stätten, doch möchte ich mit guten Gründen, die ich gleich darlegen werde, lieber von »beseelten Orten« sprechen.

Was war es, frage ich mich, das mich selber im Laufe der letzten fünfundzwanzig Jahre über Irland und die Bretagne nach Malta, nach Israel, in die Türkei, nach Ägypten, Algerien, Marokko und zuletzt nach Libyen führte? War es doch nicht einmal eine bewusste Suche nach dem gewesen, was ich heute »Beseelte Orte« nenne – davon sprach man damals noch nicht –, sondern zunächst ein unbestimmtes Angezogensein von solchen Ländern, die für mich »Seele« hatten, etwas, das mit meiner Psyche korrespondierte; und es war dort das unvermutete Auffinden von Orten, deren Beseeltheit ich erfuhr. »Beseeltheit« erlebte ich in einer spontanen Ergriffenheit von ihrer Lage, Gestalt, Geschichte und Bedeutsamkeit. Sie zeigte sich aber vor allem in dem lang anhaltenden Nachklang der Erinnerung an diese Orte. Ich hatte etwas Nährendes für meine Psyche gewonnen, sie hatten mich persönlich bereichert. Einmal angesprochen, folgte ich mit Freunden zusammen der imaginären Spur solcher Orte in verschiedene Länder. Rückblickend steht die intuitive Findung dieser Orte sogar in einem inneren Zusammenhang, als wäre ich auf einer Art »Traumpfad« zu ihnen gewandert.

Ich schreibe hier nicht in dem Sinn von diesen Orten, dass ich Tagebuchnotizen hervorkramte und heranzöge, ich schreibe in den meisten Fällen auch nicht aus der unmittelbaren frischen Erinnerung heraus, sondern aus dem tiefen inneren Nachklang, auch Jahre später, den diese Plätze in mir ausgelöst haben; sie sind mir zu »inneren Orten« geworden.

Ich beschreite sie auch nicht mit dem Ziel, dass jemand aufbrechen und dorthin fahren möge, – das mag die eine oder der andere tun – doch darum geht es mir nicht. Dazu wäre meine Auswahl solcher Orte viel zu subjektiv geraten.

Es geht mir allerdings schon um etwas Wiederholbares, und insofern auch um etwas Objektives, doch nicht um etwas äußerlich, sondern um innerlich Wiederholbares; um das Entdecken von Beseeltheit überhaupt, die bestimmten Orten eignet, um die Qualität des Beseelten als solchem.

Auch geht es mir darum, herauszufinden, was solche Beseeltheit eines Ortes eigentlich ist, wodurch sie ausgelöst ist, was sie bewirkt. Und dann möchte ich nichts weiter, als jede Leserin und jeden Leser meines Buches dazu gewinnen, dazu verführen, selbst solche Orte aufzufinden oder zu erinnern, an denen sie oder er ein Echo in der eigenen Seele und damit solche Beseeltheit erfuhren.

»Ich würde nie in ein Land fahren, das keine Seele hat«, sagte mir eine Freundin vor Jahrzehnten, ehe wir zu solch einer Reise aufbrachen. Was mag sie damit gemeint haben? Wie ich sie verstand, meinte sie mit »Seele« etwas Komplexes, das sich aus vielen Faktoren zusammensetzt. Heute, auf Rückfrage, antwortet sie: »Es gibt wohl gar kein Land auf der Welt, das keine Seele hätte. Ich bin nur unterschiedlich darauf eingestellt und unterschiedlich gut über die Geschichte jener Länder informiert. Auf manche Länder kann ich nicht so viel projizieren wie auf diejenigen, die für mich eine Seele haben, doch« – so verbessert sie sich – »es geht hier eigentlich nicht um Projektion, sondern um Resonanz, eine unterschiedliche Resonanz in mir auf das, was die Seele eines Landes sein mag. Japan zum Beispiel kommt mir – subjektiv gesehen – beseelter vor als Russland, auch wenn manche, wie ich weiß, gerade Russland als beseelt empfinden.« Ein erster dieser Faktoren, der Beseeltheit ausmacht, dürfte immer wieder die Landschaft, die Lage eines Landes oder eines Ortes in ihr sein. Nicht nur Geografen, Landschaftsgärtner, Architekten, auch Kunstgeschichtler und Archäologen fragen wachsend nach den Gegebenheiten einer Landschaft bis hin zu den Lagen und Arten ihres Gesteins, der Formengestalt ihrer Höhenzüge, ihrer Flora und Fauna, wenn sie eine Antwort darauf suchen, was bestimmte Orte zu »Kultorten« oder »Kulturorten« gemacht haben mag. In dem, was ich suche und finde, geht es darüber hinaus um die ästhetische Wirkung einer Landschaft im umfassenden Sinn, auf mein Gemüt, meine Stimmung, meine Einstellung.

Ein Beispiel hierfür möchte ich anführen, das von der objektiven Bedeutung des Ortes her, den ich beschreibe, ganz unspektakulär ist, nicht aber in seiner subjektiven Bedeutung für mich selber.

Diese Zeilen nämlich schreibe ich auf einer Sandbank, während die kommende Flut die weite Fläche bis hin zur Küste allmählich auffüllt. Hinter mir rauscht der Atlantische Ozean; der anlandige Wind trägt die

Wogen heran, ein rhythmisches Anschwellen, Abschwellen, wieder Anschwellen. Ich blicke auf die Formation der Küste, die vor mir liegt, sandfarbene, sanft geschwungene Hügel sind das, körpernahe Formen wie in der nahen Sahara, die Erde als Leib: zwei weich geschwungene Hügel, sanft gewölbt wie Brüste, nahezu gleich groß, dazwischen ein kleinerer Hügel, ebenso sanft gewölbt, das Köpfchen eines Kindes, ein Bäuchlein könnte dies sein.

Es sind weiche Formen, wie sie überall an lebendigen Körpern wiederkehren, auch an Landschaftsformationen überall auf der Erde, vor allem bei Sanddünen. Und überall, wo sie auftauchen, kann es in der menschlichen Seele eine Resonanz geben, kann Zartes und Schwingendes anklingen. Landschaften, Hügelketten können sich hinziehen wie Melodienbögen, von Violinen gespielt oder von menschlichen Stimmen gesungen. Formen des Lebens sind dies, die auch in der Seele etwas von gleicher Frequenz mitschwingen lassen. Eine solche Landschaft erweckt das Gefühl von Sanftheit. Hingebreitet in die Weite ist sie den Winden ausgesetzt, die doch bei all ihrer Kraft die Formen dieser dünenartigen Hügelketten nur weiter abrunden können. Es ist ein Ort in der Landschaft, der meine Seele weitet. Und so empfinde ich ihn als beseelt, von den Formen und ihrer symbolischen Sprache, ihrer Ausdruckskraft her. Beseelt aber sind diese Formen für mich auch dadurch, dass ich diese Insel, diese Formation aus Sand und Stein in ihrer Nähe zum Meer seit vielen Jahren immer wieder aufsuche, dass ich selber eine Geschichte mit ihr habe. Ich kenne sie bei den hohen Fluten zur Zeit des Vollmondes und des Leermondes. Da liegt ein kleines Meer zwischen dieser Küstenformation und der Sandbank, das ich oft durchwatet habe, meine Sachen über dem Kopf tragend, während es stieg und stieg mit der ankommenden Flut. Und drüben an der Küste empfing mich dann diese Sanftheit und Beständigkeit der Hügel. Oder ich habe diese Hügel mit wehenden Sandfahnen erlebt, wenn der starke Wind über sie hinheulte, sie zuschliff und sie der Form von Dünen immer ähnlicher machte. Doch auch da waren sie die Stille im Sturm, das Feste, Tragende, das standhielt. Ich habe sie auch gespürt in der seidenweichen Luft windstiller Tage, wenn das Meer nur noch flüsterte und der reine Himmel darüber vor Bläue zu summen schien – dann waren sie ganz bei sich selbst, leuchtend im Licht und mit klaren Konturen gegen den Himmel gezeichnet: beseelte Landschaft aus sich selbst heraus und durch mich, die mitschwang in reiner Resonanz.

Allemal gehört das Meer zu diesem Ort, das in seinen Farben von Türkis bis Violett mit den komplementären Sandfarben korrespondiert, die vom Sonnengelb des Mittags bis zum Rotgelb und Orange des Abends reichen, wenn sich der Sonnenuntergang in ihnen spiegelt.

Meer – das ist, weiß Gott, nicht nur etwas zum Anschauen, das ist Wasser, das ich unzählige Male mit meinem ganzen Körper empfunden habe, kühl im Frühjahr, schmeichelnd warm im Herbst, tragend, umströmend, manchmal aber auch mich als Schwimmerin umtobend; auch dies das Element, das meine Füße kennen, beschuht oder barfuß, Sand, auf dem ich gesessen, gelegen habe, unzählige Male, den ich aus Kleidern und Taschen geschüttelt habe, in denen er sich oft noch wochenlang nach der Reise festklammerte. Vertrauter Sand dieses Ortes, vertrautes Meer: ein Ort, dessen Beseelung nicht nur meine Psyche kennt und erinnert, sondern auch mein ganzer Körper. Aber ist das nicht immer so bei den beseelten Orten? Waren es nicht immer meine Füße, die die entsprechenden Wege abgewandert, meine Hände, die das Gestein betastet, sich darauf festgehalten haben; meine Haut, die zart oder grob von Gesträuchen und Gelände berührt wurde, meine Ohren, die Wind und Brandung, Vogelrufe und Rauschen gehört haben, meine Augen, die das alles gesehen haben? Meine Lunge hat sich dabei geweitet, mein Herz hat höher geschlagen.

Es ist also die Landschaft, die tief berühren kann, die sich immer mehr beseelt, je mehr ich eine persönliche Geschichte mit ihr habe. Eines ist die Landschaft, ein Zweites sind die Begegnungen mit Menschen, die in solche Landschaften gehören und die einem in dieser Landschaft widerfahren. Gerade die Menschen sind es, die bestimmte Orte auf der Welt für uns beseelen. Auch hierfür ein unspektakuläres Beispiel: Es war ein Ort auf dem Rückweg vom Erg Admer im Süden Algeriens, den ich nie wieder finden werde, weil er nur für diese eine Begebenheit, für diese eine Begegnung gemacht zu sein schien. Es war auf einer Anhöhe am Rande eines Wadi, eines trockenen Flussbettes, in dem wir Frauen zu Fuß wanderten, während die Männer einen der beiden Geländewagen reparierten. Da nahmen wir zunächst nur wahr, dass immer mehr Ziegen auftauchten, vereinzelt erst, da sie hier offenbar etwas zum Fressen fanden, Gräser oder Halme, die für unsere Augen unsichtbar waren. Auf einmal war die ganze Herde da. Von der Anhöhe, der Düne her, auf der wir ein größeres und zwei kleinere Zelte erkannten, kam uns in weiten beschwingten Schritten eine Frau entgegen, die Herrin und Hirtin dieser ganzen Herde, eine schön gekleidete Frau in den Vierzigern mit einem ebenmäßigen, vom Leben gereiften Gesicht. Sie kam auf uns zu, strahlenden Antlitzes. Sie war ohne Arg und ohne Erwartung an uns. Da war nichts als die Freude über die unverhoffte Begegnung, die sie zur Gastgeberin gegenüber den Fremden

Tuareg-Frau in der Sahara

machte, eine Freude, die sofort auf uns übersprang. Was für eine Überraschung auch für uns, von ihr zu dem kleinen Lager mit den drei Zelten geführt zu werden, dort die beiden Töchter der Frau, etwa sechs- und achtjährig, anzutreffen, die uns erstaunt umstanden! Sonst war da niemand.

Ganz allein mit den Töchtern war diese Frau am Rande eines Wadis mit ihrer großen Herde. Verwundert betrachteten uns die beiden kleinen Mädchen, bis sie dann wieder in ihren kleinen Zelten zu hantieren begannen und uns schließlich ihre Spielsachen zeigten: kleine Ziegen aus Holz, kleine Hirtinnen, kleine Kamele und ganz kleine Zeltchen aus Ziegenfell. Eine Spielwelt, die wir verstanden, auch wenn wir sonst kein Wort miteinander wechseln konnten. Als Tuareg-Frau, als Targi, sprach die Frau nur die Tuaregsprache, und auch das sonst bis tief in die Sahara hinein verbreitete Französisch taugte hier nicht. Es war auch nicht nötig. Wir verstanden alles, was unserer Begegnung diente, die Köstlichkeit ihrer frischen Ziegenmilch, die Gastfreundschaft, diese uralte Sitte bei allen Völkern, die in der Weite der Landschaft verstreut leben. Doch wie kam es, dass diese Frau mit ihren beiden Töchtern völlig alleine und selbstständig so weit draußen lebte? So ist das bei den Tuaregs, fiel mir ein, denn ich hatte darüber gelesen. Die jüngeren Männer ziehen hinaus zu den großen Handelskarawanen, früher und selten auch heute noch mit den Kamelen. Heute öfter motorisiert. Viele der jüngeren Frauen folgen den Kleintierherden hinaus in die Wüste, in die Nähe der Flussbetten oder der Stellen, wo das Grundwasser nicht gar zu tief liegt, dorthin eben, wo es eventuell, aber nur für das Witterungsvermögen der Ziegen, noch Nahrung gibt. Zu dieser Hirtinnenzeit nehmen die Frauen ihre größeren Kinder mit. Hier sind die Spuren einer alten vorislamischen mutterrechtlichen Tradition zu erkennen, in der die Frauen sehr hoch geachtet sind und eine hohe und souveräne Stellung innerhalb der Stammesgemeinschaft innehaben. Die älteren Frauen und Männer nämlich hüten das Lager, das Dorf und oft auch die kleinsten Kinder, während die jungen Frauen die Herden begleiten und die jungen Männer auf den Handelswegen unterwegs sind. Dementsprechend ist auch das Alter, das im Lager wacht, hoch geachtet.

Die Begegnung mit dieser Tuaregfrau machte den unscheinbaren Ort in der Weite der Sahara unvergesslich, beseelte ihn für mich, für uns, einen Ort, den ich nie wiederfinden werde, den ich niemandem zeigen kann.

Die Lage also ist es und die Begegnungen sind es, die einen Ort beseelt erscheinen lassen und lange in der Erinnerung bewahren. Mehr noch, das wird schon an dieser kleinen Begegnungsgeschichte deutlich: Mit solcher Begegnung verbunden ist immer auch die Berührung durch eine bestimmte Kultur, und sei es eine Stammeskultur wie bei den Tuaregs, es ist ein bestimmtes Gefüge dieser Kultur, das uns entweder in solchen Begegnungen neu vermittelt wird, das wir zu einem gewissen Grad auch schon kennen, schon erarbeitet haben, ehe wir die Reise antreten. Hätte ich noch gar nichts über die Tuaregs und die geachtete, selbstständige Stellung der Frau in ihrem Stammesleben gewusst, hätte ich die Begegnung mit dieser Frau auf ihrem einsamen Hirtinnenposten nicht adäquat einschätzen und erleben können, auch ihre großzügige Geste als Gastgeberin uns gegenüber nicht. Das ganze Erleben dieser großartigen Saharalandschaft, die ich

Gallary Oratory, ein frühes Gebetshaus auf der Dingle Halbinsel

viele Jahre hindurch mir erschlossen habe, wäre anders gewesen ohne solches Hintergrundswissen[2], aber auch ohne solche realen Begegnungen.

So sind es bisher drei Faktoren, die das Erleben bestimmter Orte als beseelt qualifizieren: die Qualität der Landschaft, die Lage bestimmter Orte in der Landschaft und menschliche Begegnungen in ihr, dazu das Wissen um die zugehörige Kulturgeschichte, zu der auch die Religion, das gesamte sozio-kulturelle Umfeld gehören. So komplex und bedeutsam solche Orte an sich schon sind, gewinnen sie noch zusätzliche Akzente durch die Bauten von Menschenhand, die wir an diesen Stätten vorfinden.

Auch wenn die Zeltlager der nomadischen und halbnomadischen Völker in ihrer freien Mobilität beseelte Orte sein können, so sind die Kultplätze sesshafter Völker doch vor allem auch durch stabile Anlagen und später durch Tempel charakterisiert. Beim seelischen Erleben von Bauwerken aber gesellt sich ein weiterer wesentlicher Faktor hinzu, der dafür verantwortlich scheint, dass wir solche Bauten in Verbindung mit ihren Stätten als beseelt erleben: es ist die Proportion dieser Bauten, ihre innere Stimmigkeit. Wenn ich beispielsweise an das bestechend schön gestaltete Gallarus-Oratory auf der Dingle-Halbinsel in Irland denke (ca. 8. Jh.), ohne Mörtel durch feinst ineinandergefügte Steine zu einem Kraggewölbe gestaltet, das wie ein umgekehrter Bootsrumpf wirkt, als ob das Schiff in den Gewässern des Himmels führe – so begeistern hier vor allem die Proportionen. Die fünf Meter hohe steinerne Kapelle ist auf einem annähernd quadratischen Grundriss (6,70 x 5,60 m) errichtet und wetterfest abgedichtet durch einen stabilen Dachfirst. Die Steine der mörtellosen Mauern sind so festgefügt wie vor 1200 bis 1300 Jahren, und außer einer leichten Senkung des Daches hat sich seither nichts verändert. Ein schmaler mannshoher Eingang, der verschließbar gewesen sein muss, und ein kleines halbkreisförmiges Fenster im Ostgiebel sind die einzigen Öffnungen, die diese Kirche besitzt: »Die lebendige geschwungene, ja elegante Form des ›umgekippten Bootes‹, die dem Gallarus-Bau organischen Charakter verleiht, lässt jedoch dessen Abhängigkeit von der Holzbauweise noch deutlich erkennen.«[3]

Es ist die innere Ordnung der einzelnen Teile im Verhältnis zum Ganzen, die den Eindruck vermittelt, hier stimme alles, es sei einfach aus einem Guss. Unvergesslich ist mir die spontane Begeisterung des vierzehnjährigen Jungen, den wir auf dieser Reise dabei hatten, angesichts dieses gelungenen Bauwerks, von dessen Baugeschichte und auch von der dahinterstehenden Spiritualität des frühen irischen Christentums er damals noch kaum etwas wusste. Er wurde nicht müde, dieses Bauwerk und dessen stimmigen Standort zwischen grünen Hügeln und Küsten der Dingle-Halbinsel immer wieder zu durchstreifen, zu umrunden und es von allen Seiten zu fotografieren. Er konnte sich der Wirkung dieser vollendeten Gestalt einfach nicht entziehen. Und als wir am letzten Tag unseres Urlaubs auf der Dingle-Halbinsel die Familienmitglieder fragten, was wir heute noch tun sollten, da rief der Junge mit einer begeisterten Überzeugung, die keinen Widerspruch duldete: »Wir schauen uns noch einmal das Gallary-Oratorium an!« Ein solcher durch die Spiritualität seiner Erbauer beseelte Raum wirkt auf die Seele des heutigen Betrachters zurück, so dass er wiederum in Resonanz mit diesem Raum und der in ihm enthaltenen Spiritualität gerät.

Ein solcher Raum ermöglicht es dem Menschen, mit seiner eigenen inneren Ordnung, die sich aus den vielen verschiedenen Anteilen seiner Psyche zusammensetzt, in Kontakt zu treten. In gewisser Weise komme ich dadurch, dass ich die stimmige Ganzheit eines solchen Bauwerks erlebe, in dem sich die Einzelteile zu einem Organismus zusammenfügen und sich zugleich organisch in die Umgebung einbetten, in Kontakt mit einem Symbol des Selbst, das meinen eigenen Bezug zu meinem innersten Selbst konstelliert – und dies in harmonischer Verbindung mit der Außenwelt.

Vielleicht beruht hierauf die tiefste Faszination von einem »beseelten Ort«, dass er in mir ein Gleichnis von stimmiger Gestalt bildet, das mich zu meiner eigenen potenziellen Ganzheit in Beziehung setzt. Die Erfahrung von Ganzheit erweckt allemal Ergriffenheit, hat spirituelle Qualität, da sie das ist, was uns in unserem unvollständigen Dasein letztlich und »unbedingt« angeht, und damit das Kriterium religiöser Erfahrung erfüllt, das der Religionsphilosoph Paul Tillich beschreibt als ein »Ergriffensein von dem, was uns unbedingt angeht«.[4] Wo Ganzheit erfahrbar wird, scheint etwas auf, was die Qualität eines höchsten Wertes, ja einer Gestalt des Göttlichen annehmen kann.

Zugleich wissen wir von allen Gestaltungen, die uns als beseelte Orte ergreifen, dass sie von Menschenhand geformt sind. Die Inspiration jener frühen Baumeister ist es, die den Bau erfüllt und die es dem Bau ermöglicht, durch die Ausdrucksqualität, durch die Sprache seiner symbolischen Formen und Farben auch uns zu inspirieren, und dies nicht nur formalästhetisch, sondern allemal auch inhaltlich. Die Transzendenzerfahrung der Baumeistermönche, die beispielsweise das Gallary-Oratorium so gestalteten, dass es im Gleichnis eines Schiffes erscheint, dessen Kiel im Himmel fährt, kann durchaus auf heutige Betrachter überspringen und auch in ihnen ein Geborgenheitsgefühl auslösen, zumal es sich unter dem so organisch zusammenwachsenden Dach der Kragsteine fast von selber einstellt.

Das gleiche Empfinden für Stimmigkeit und Proportion, die aus Teilen ein Ganzes macht, kann sich auch angesichts einer natürlichen Landschaft einstellen, einem Platz in ihr, einer Lichtung, einer Mulde, einer Höhe, einer Aussichtsstätte, oder – wie beschrieben – auch von einer Sandbank aus, die im Wechsel der Gezeiten liegt. Auch das Empfinden einer Landschaftsganzheit, der Stimmigkeit eines besonderen Ortes und seiner Einbettung ins größere Ganze löst die Ergriffenheit aus, aus der heraus wir diese Landschaft, diesen Ort als beseelt empfinden und bezeichnen.

Noch immer ist eine Frage offen geblieben, die gerade in der Gegenwart stark beschäftigt und kontrovers diskutiert wird: die Frage, ob wir Menschen selbst, wir Menschen alleine es seien, die solche Orte wie die beschriebenen beseelen oder ob diese Orte selber eine Kraft in sich tragen, quasi aus sich selbst heraus »beseelt« sind. Sind nur wir es, die ihnen aus unserem menschlichen Erleben heraus eine Seele verleihen, einen Teil unserer eigenen Seele gleichsam auf sie übertragen, oder wohnen solchen Orten eigene Energien inne, Erdkräfte, besondere Strahlungen oder ähnliches? Viele Autoren der Gegenwart halten solche Energien für den eigentlichen Grund für die »Heiligsprechung« eines Ortes. Gemeinsam mit anderen Autoren jedoch, wie z.B. Martina Schäfer, neige ich zu einer differenzierteren Auffassung: Für mich gehören »zur magischen Definition eines solchen Platzes unbedingt die sozialen, historischen und kulturellen Komponenten – also die Spuren der Menschen. Allerdings weiß ich aus langjähriger Erfahrung, dass die meisten Plätze, die ich mit Frauen und auch gemischtgeschlechtlichen Gruppen besuchte, durchaus eine Wirkung auf die Personen ausüben, die sich dort aufhalten.«[5]

Dass sich an spektakulären Orten wie den frühgeschichtlichen Tempeln auf Malta aus der Megalith-Zeit oder in der Kathedrale von Chartres aus dem 12. Jahrhundert nicht nur eine Seelenübertragung unsererseits auf diese Bauwerke abspielt, sondern dass Seele und Geist derer, die sie erbauten, auf uns überspringen, Resonanz in uns wecken kann, sollte hingegen keine Frage mehr sein.

Wie aber steht es mit den entsprechenden Orten selbst, die jene frühen Baumeister seinerzeit ausgesucht haben? Gab es an ihnen bereits ein Kraftfeld »kosmo-terrestrischer« Art[6], das sie in besonderer Weise dafür qualifizierte, dass dort Kultplätze und später solche ungewöhnlichen Kultbauten errichtet wurden wie die Mnajdra auf Malta oder die Kathedrale von Chartres? Die Frage ist nicht leicht zu beantworten, sie spricht komplexe Sachverhalte an. Gewiss sind beide Bauten auf bereits früheren Kultstätten und -plätzen errichtet. Die Beseelung dieser Orte durch jahrhundertealte kultische Vollzüge war bereits gegeben, bevor diese Bauten errichtet wurden. Beseelung ereignet sich also auch durch Kulttraditionen wie im Hypogäum auf Malta und an zahlreichen anderen alten Stätten – und ebenso durch die Bestattung von Toten an diesen Orten und durch die geglaubte Anwesenheit und Wirksamkeit der Ahnen.

Die Kathedrale von Chartres ist allerdings eine der seltenen christlichen Kirchen, in der ausdrücklich keine Totenbestattungen nachzuweisen sind.

Die spirituelle Tradition, die in ihr wirkt, nicht zuletzt durch die Kathedralschule von Chartres mit ihren Meistern, wie Alanus[7], ist dafür umso stärker. Wie aber steht es mit der schon von den Kelten gekannten und benannten »Wuivre« an dieser Stätte, den Erdströmen, also womöglich kosmo-terrestrischen Energien?[8]

Wie ich berichten werde, war ich mehr als einmal gemeinsam mit solchen Menschen an den entsprechenden Stätten zusammen, die besondere Energien dort zu spüren vermochten. Da war ein Kribbeln in den Fußsohlen beim Begehen der Unterkirche von Chartres oder auch beim Durchschreiten des Labyrinths in der Oberkirche, da erfühlte jemand im weitläufigen Gelände des Klosters auf dem Disibodenberg eben den Ort, an dem die Klause von Hildegard von Bingen gestanden haben müsse, hörte Töne, nahm Düfte wahr, da spürte eine ganze Gruppe von Menschen einen der riesigen bretonischen Menhir-Steine vibrieren unter den Händen derer, die ihn berührten, einen Menhir, der abseits des großen Lineaments von Karnak an einer verborgenen Stelle im Wald stand. Die Erfahrung der Gruppe mit jenem Menhir beeindruckte mich, eine nach der anderen unter den Teilnehmerinnen und Teilnehmern legte die Hände auf den Stein, lehnte sich an ihn, nachdem eine erste von uns eine Vibration gespürt hatte, schließlich auch eine bis dahin solchen Erfahrungen gegenüber äußerst skeptische Ärztin. Nur wenige verspürten nichts dergleichen.

Was vibrierte da? Waren es unsere Hände im Einklang mit unserer erwartungsvollen Psyche, wir selber also, oder war es der Stein? Gab es womöglich gar kein Entweder-Oder zwischen uns selber und diesem Stein, sondern ein Zusammenspiel, begann unter unserer Vibration womöglich auch der Stein zu vibrieren? Teilte sich womöglich gar etwas von dem mit, was auch die neuesten, im Grunde unanschaulichen Erkenntnisse der Quantenphysik uns sagen: dass Materie letztlich nur ein besonderer Aggregatzustand von schwingender Energie sei?[9] Eines ist gewiss: dass diejenigen, die von entsprechenden kosmo-terrestrischen Kräften überzeugt sind, die fraglos mit ihnen rechnen, auch eine größere Bereitschaft und damit eine größere Chance haben, entsprechende Wirkungen zu verspüren. Erwiesen ist damit nichts. Doch wozu sollten entsprechende Beweise auch dienen?

Mnajdra auf Malta

Die Beseelung entsprechender Orte zu erleben, hängt zweifellos nicht von solchen Überzeugungen ab – auch wenn solche Überzeugungen zugegebener Weise deren Fluidum noch verstärken können – es hängt vielmehr, wie wir sahen, davon ab, ob solche Orte durch Lage, bauliche Gestaltung und die mit ihnen verbundene Mythologie und Geschichte jene Stimmigkeit erreichen, jenen Eindruck gelungener und beglückender Ganzheit, die wir nur als »beseelt« bezeichnen können, deshalb, weil sie uns ergreift. Sie ergreift uns aber, indem sie uns an die Möglichkeit und Fähigkeit zu eigener Ganzheit erinnert und damit in Beziehung setzt; sie bewegt uns, indem sie uns zeigt, dass es das Runde Ganze in unserer Wirklichkeit überhaupt gibt. Das Runde Ganze aber wäre auch ein Gleichnis, ein Symbol zugleich für das Göttliche, das Heilige. Und wo dieses aufscheint, verändert es unsere Empfindungen, unser Bewusstsein, reinigt und erneuert es uns. In diesem Sinne sieht es auch der bekannte Religionswissenschaftler Mircea Eliade, wenn er über die Tempel sagt: »Durch den Tempel wird die Welt in ihrer Totalität neu geheiligt. Wie unrein die Welt auch sei, sie wird stets geheiligt durch die Heiligkeit der Heiligtümer.«[10]

Was die frühen Menschen – ihrer vermutlich traumnahen Bewusstseinsstruktur entsprechend – als außerhalb ihres Selbst erlebten und außen darstellten, erleben wir heutigen innen, erleben es aber in innerem Kontakt mit der Ausdruckskraft der alten heiligen Stätten und Anlagen, erleben es neu, davon ergriffen. Elisabeth Lenk stellt die Verbindung zwischen Innen und Außen bei den frühen Menschen als eine unbewusste Belebung der Objekte in Analogie zum Traumprozess dar:

»Das, woran sie dachten, war nicht einfach Objekt des Denkens, sondern das Denken belebte das Gedachte. Die Menschen waren sich des Vorgangs der Beseelung der Welt nicht bewusst. Es geschah etwas mit ihnen. Die Welt bewegte sich vor ihren Augen nach Gesetzen, die man nachträglich psychische Gesetze genannt und nach innen gestülpt hat. Die mimetische Grundstruktur, also die Traumform, hat ursprünglich in archaischen Gesellschaften den sozialen Rahmen gebildet«.[11]

So erleben auch wir Heutigen, wenn wir uns von der Atmosphäre eines Ortes ergreifen lassen, die alten heiligen Stätten im Sinne von: So könnte es gewesen sein … In unserer Psyche erschaffen wir sie neu. Dadurch aber werden die beseelten Orte zu unserer eigenen Imagination, unserem eigenen Raum, unserer eigenen Vision. Damit realisieren sie sich in unserer Psyche, werden innere Orte, die uns selbst mit dem Heiligen und dem Heilsamen verbinden.

Woher mag es kommen, dass wir seit den letzten Jahrzehnten in breiten Kreisen eine solche Faszination durch beseelte Orte, vor allem durch frühe Kulturplätze erfahren? Es muss mit einer Art von Heimweh zu tun haben, das viele unserer Zeitgenossen ergreift: Wurzeln zu finden, die über uns als vereinzelte Individuen einer späten Kultur hinausreichen, Wurzeln in der größeren Geschichte, der Menschheitsgeschichte, einer größeren Kultur und Religion, einer Menschheitskultur und -religion. Insofern geht es nicht nur um rückwärts gerichtetes Heimweh, sondern auch um vorwärts gerichtete Utopie. Wir möchten zu einem umgreifenden Zusammenhang gehören, der von weiter her kommt als unsere Einzelexistenz und auch weiter hinausführt. Es hängt mit einer Hoffnung für die Menschheit zusammen, aber auch mit unserer Sterblichkeit als einzelnes Individuum, mit der Kürze unserer Lebensspanne, dass wir uns nach dem großen Zusammenhang sehnen. Beseelte Orte, die ich besucht habe und seither in der Erinnerung innerlich mitnehme, fügen auch meine eigene Lebensgeschichte zusammen, zu der sich die Stationen intensiven Erlebens verbinden, indem sie sich wie Perlen an der Schnur der gelebten Jahre aufreihen. So erging es mir beim Erinnern und Niederschreiben solcher Höhepunkte des Erlebens an beseelten Orten: Meine Lebensgeschichte bekam im Licht dieser Orte einen bestimmten neuen Klang und Zusammenhang. Vor allem die Geschichte meines spirituellen Erlebens öffnete sich mir noch mehr als bisher. Ging es dabei doch nicht nur um das Ausgraben irgendwelcher beliebiger Wurzeln und ging es doch nicht nur um Heimweh. Es ging vielmehr auch um die vertiefte Identitätsfindung als Frau, für mich wie für viele meiner Generation, indem wir beispielsweise die frühen Stätten, an denen die Göttin und ihre Priesterinnen walteten, »kennen lernten«, mit eigenen Augen sahen, mit eigenen Sinnen wahrnahmen. Dazu gehören die frühesten Stätten menschlichen Tempelbaus überhaupt, die Tempel auf Malta, die Mnajdra, das Hypogäum. Wie entzückten mich die organisch geformten nieren- oder kleeblattförmigen Tempelräume, so weitab von unseren geradlinigen gottesdienstlichen Bauten! Allein die Form war eine Offenbarung!

Auch wenn die Vorstellung von einem frühen Matriarchat, das eine absolut naturgerechte und friedfertige Gesellschaftsordnung getragen haben soll, gewiss mehr sehnsuchtsbedingte Rückprojektion als historische Tatsache darstellt und wenn sich die berühmte These: »dass mindestens bis in die Jungsteinzeit frauenzentrierte matriarchale Strukturen in den Gruppen und Gesellschaften Europas bestanden« archäologisch schwerer nachweisen lässt als es zunächst erschien, so gibt es andererseits doch zahlreiche

Funde, Anlagen und Kulturspuren – weibliche Körpersymbole, Frauenstatuetten, Darstellungen einer Urzeitgöttin –, die für Strukturen alter Gesellschaften sprechen, in denen Frauen wichtig waren.[12] Die Beschaffenheit und symbolische Aussagekraft vieler Megalithanlagen, Grabkammern und Tempel stellen den archäologischen Befund dar, aufgrund dessen man auf die Idee einer frauenzentrierten, im Volksmund »matriarchal« genannten Gesellschaft kam.[13] Auch die neuesten Versuche von Wissenschaftlerinnen, aus den Gebrauchsartefakten, an Gebrauchsspuren, Herstellungstechniken und Fundlage auf die soziale Struktur vorgeschichtlicher Gesellschaften und Gruppen zu schließen, sind verheißungsvoll im Blick auf die bevorzugte Rolle der Frau, die hier zutage zu kommen scheint.[14]

Doch geht es mir hier nicht nur um Stätten, an denen weibliche Identität sich bekräftigen kann. Es geht mir nicht weniger um die Verwurzelung meiner, unserer europäischen Identität in der abendländischen Kultur und Religion überhaupt und damit auch in den Kulturen, die aus dem Mittelmeerraum stammen. Dazu gehört für mich auch eine phönizisch-römische Stadt wie Sabratha an der libyschen Küste mit ihrem Heiligtum der ägyptischen Göttin Isis, die im Synkretismus der Zeitenwende viele Züge der mittelmeerischen Mutter-, Liebes- und Todesgöttinnen auf sich zog. Zu Sabratha gehört auch ein römisches Theater von außerordentlich kunstvoller Gestalt und hohem Erhaltungsgrad, das uns eine Ahnung vermittelt, welch hohe Kultur hier zu Hause gewesen sein muss.[15] Es geht mir ebenso darum, unsere Wurzeln im frühen naturverbundenen Christentum der Iro-Schotten nicht zu vergessen, weshalb ich das spektakuläre Kloster auf dem Skellig Michael zu den beseelten Orten zähle, ein Kloster, dessen Anfänge vielleicht bis ins sechste Jahrhundert zurückreichen. Eine große prophetische Frau wie Hildegard von Bingen, die auch die germanisch-keltische Tradition seherischen und heilerischen Frauentums mit dem Christlichen verband, suchte ich an dem Ort ihres frühen Lebens und Wirkens auf, in den eindrucksvollen Resten des Benediktinerklosters auf dem Disibodenberg, einem Ort, den das »alleredelste Grün«, die Grünkraft, die für Hildegard die Lebens- und Gotteskraft schlechthin war, fast wieder voll in Besitz genommen hat, indem es das alte Mauerwerk zu einem neuen, lebendig beseelten Ort machte, in einer Metamorphose, die das Kloster von damals fast in ein Naturheiligtum rückverwandelte. Neben Hildegard kann Franz von Assisi nicht vergessen werden, wenn es wie heute um die Wiedergewinnung einer gelebten Schöpfungsmystik geht, der auch die Weise des Lebens, Wohnens und Wirkens bei Franziskus entsprach. Im Beschreiben und Erinnern seiner ehemaligen Klause in der Felsennische einer Schlucht bei Cortona und der heutigen Kapuzinersiedlung dort suche ich einen von seinem Geist beseelten Ort zu entdecken. Gerade weil dieser Platz nicht so ganz bekannt und besucht ist wie die bekannten Franziskusstätten in und um Assisi, scheint er mir zur Beschreibung geeignet.

Die Kathedrale von Chartres schließlich ist ein so komplexer Ort keltisch-christlichen Geistes, einerseits durch ihre Lage auf einer frühgeschichtlichen Kultstätte und andererseits durch den universalen, christlichen Geist der dort heimischen »Schule von Chartres« und ihrer Baumeister, dass ich nur besondere Teilbereiche wie die Unterkirche und das Labyrinth im oberen Kirchenschiff beschreiben will und kann. Diesen Teilen der Kathedrale eignet allerdings auch eine besondere Beseelung.

Von diesen spektakulären Quell- und Wurzelorten für die Identität heutiger Europäer – wie meiner eigenen auch – wende ich mich im zweiten Teil dieses Buches solchen Orten zu, die in unserer Zeit entstanden sind, in der zweiten Hälfte des zwanzigsten Jahrhunderts, an der Schwelle zum dritten Jahrtausend. Es sind unspektakuläre Orte, die jedoch mit den früheren auf unabsehbare Weise zusammenhängen: die Felsenkirche von Helsinki steht in symbolischem Zusammenhang mit der Erinnerung an unterirdische Heiligtümer überhaupt, an bretonische Dolmen, an das Hypogäum von Malta, zudem an die Erfahrung und Wirkung von Zentralbauten, wie sie in der Ostkirche entwickelt wurden, sphärische Räume, die das Runde Ganze, Symbol des unus mundus, im Hintergrund haben und damit auch die Symbolik des mütterlichen Leibes und seiner bergenden Funktionen. Viele dieser Kirchen sind der Maria geweiht, die zentralste unter ihnen, die Hagia Sophia in Konstantinopel, dem heutigen Istanbul, aber der Heiligen Weisheit, der höchsten Hypostase des Weiblichen in Gott. All dies klingt mit, klingt in uns selber an, wenn wir die moderne unterirdische Felsenkirche in Helsinki in ihrer Beseeltheit erleben. Gewiss hätte es noch eindrucksvollere Beispiele modernen Kirchenbaus gegeben, als gerade diese – Ronchamp von Le Corbusier zum Beispiel –, aber die Felsenkirche von Helsinki mit ihrem Höhlencharakter ist für mich die zuletzt erfahrene von vielen, die mich stark berührt haben, so dass ich sie nicht vergessen kann. Sie knüpft unübersehbar an die frühe Tradition an, in der der erdhaft-mütterliche Aspekt des Göttlichen vermittelt wurde.

Auch die »Steine an der Grenze«[16] an der im Ersten und Zweiten Weltkrieg blutig umkämpften Grenze, die das Saarland von Lothringen zugleich trennt und verbindet, haben Bezug zu der ältesten europäischen

Kultur, zu den megalithischen Dolmen- und Menhir-Setzungen, wie wir sie von der Bretagne bis nach England und Irland, von Skandinavien bis ins Baltikum, von Osteuropa bis nach Italien finden und nicht zuletzt in Deutschland selbst. Die »Steine an der Grenze« sind moderne Skulptursetzungen im Freien, rechts und links der alten deutsch-französischen Grenze, Steine, die aus mehreren Bildhauersymposien hervorgingen, in denen Künstler aus allen am Krieg beteiligten Ländern zusammengeführt wurden, damit sie Zeichen der Versöhnung in Stein zu gestalten und zu setzen vermöchten.

Die weitläufige Skulpturenlandschaft auf den Höhen, von denen aus der Blick sowohl in die Lorraine wie ins Saarland schweifen kann, wird auf französischer Seite sinnigerweise und stimmig als »Menhirs de l'Europe«, also als Menhire von Europa bezeichnet. So steht es auf allen Schildern zu den Zugangswegen, die man auf französischer Seite findet. Sind diese Menhirs de l'Europe Vorzeichen, Anzeichen gar, für eine neue Friedenskultur, die wieder ganz Europa umfassen könnte wie die der alten Menhirsteine in der Megalithzeit? Die Künstler und Künstlerinnen, die hier neben den deutschen gearbeitet haben, stammen unter anderem aus Frankreich, Irland, Luxemburg, aber auch aus Georgien und der Ukraine, darüber hinaus aus Israel, Japan und China. Wie der Krieg weltweit war, so sollten es auch – im Sinn der Initiatoren – die Zeichen der Versöhnung sein.

Beseelte Steine, ein beseelter Ort ist hier an die Stelle des alten Schlachtfeldes getreten. »Es ist wie eine Wunde, die kunstvoll vernäht wurde, damit sie heilen kann«, so sagte ein Freund, der in dieser Gegend lebt, angesichts der neuen Menhirsteine von Europa.

Zuletzt konnte ich mir nicht versagen, auch einen beseelten Ort zu beschreiben, der reine Natur ist, der an Kultur nicht mehr als höchstens acht rostrote Holzhäuser enthält, von denen eines allerdings ein Klavier besitzt, ich spreche von einer finnischen Schäreninsel, Kalö. Das A und das O aller Beseelung von Orten, so meine ich nun, könnte die Lage dieser Plätze in der Natur selber sein. Und immer spricht die Natur auch dann ihr Wort mit, wenn wir die Beseelung an Orten der Kultur erleben.

Doch möchte ich letztlich mit den Beschreibungen solcher Orte nichts anderes bewirken, als dazu anzuregen, das Gesagte zu prüfen, indem ein jeder, eine jede es mit eigenen Erfahrungen solcher beseelten Orte vergleicht. Nicht die beschriebenen Orte als solche möchte ich als quasi unvertauschbare Beispiele solcher Beseelung hinstellen, sondern die Qualität der Beseelung bei bestimmten Orten, eine Erfahrung, die es für jede Leserin, jeden Leser selber zu machen gilt.

Was mich betrifft, so hätte ich noch so manche Orte mehr beschreiben mögen, die für mich persönlich von gleicher Relevanz sind wie die hier besprochenen. Doch verzichte ich auch deshalb darauf, um nicht den Anschein zu erwecken, es ginge doch um eine ganz bestimmte Auswahl von Orten, wenn man Beseelung erfahren will. Darum aber, wie gesagt, geht es mir nicht, sondern um das Phänomen beseelter Orte überhaupt. Doch wenn ich gefragt würde, welche für mich selber dazugehören, dann wären es neben den mir vertrautesten Plätzen meiner engeren Heimat, der Kapelle mit der Riemenschneider-Madonna bei Volkach am Main, dem Vogelsberg und der Burg Saaleck, dem Kreuzberg in der Rhön, vor allem noch einige Orte des vorderasiatischen Raumes: die Ruinen des Qumran-Klosters am Toten Meer in Israel, einige der Höhlen, in denen die ältesten Textfragmente der Bibel gefunden wurden, dazu der wunderbare moderne Bau, der sogenannte »Schrein des Buches« in Jerusalem, wo die Funde vom Toten Meer aufbewahrt werden. Chagalls Fenster in der Hadassah-Klinik von Jerusalem gehören so gut dazu wie seine Fenster im Fraumünsterchor von Zürich. Erwähnen möchte ich auch den Mosesberg, wie wir ihn bei Sonnenaufgang erlebten, oder das Katharinenkloster am Fuß des Sinai, das wir spätabends erst bei Mondaufgang erreichten, sodass wir fast keine Unterkunft mehr fanden. Im heutigen Ägypten, zu dem der Sinai gehört, würde ich den Tempel der Königin Hatschepsut noch einmal aufsuchen wollen, unbeschadet des Überfalls von Moslemextremisten auf Touristen, der seinerzeit ausgerechnet an dieser beseelten Stelle stattgefunden hat.

Einige frühe Moscheen in Algerien und in der Türkei gehören unabdingbar zu meiner Erfahrung von beseelten Orten, in denen ich die Mystik des Islam ahnungsweise und mit großer Ergriffenheit verspürte. Auch Osteuropa dürfte nicht fehlen: die Karlsbrücke in Prag als Beispiel vieler beseelter Brücken, die Universität von Wilna, eine der ersten in Europa, das Priesterseminar von Sagorsk bei Moskau und die zugehörige Wallfahrtskirche. Wie habe ich dort das unverwüstliche, universale alte Europa pulsieren gespürt, auch in jener Zeit ideologischer Sonderwege und Blockbildungen! Wie haben die Menschen in dieser Zeit nach ihren umfassenderen kulturell-spirituellen Wurzeln, ihrer vollen europäischen Identität gesucht und sich danach gesehnt, indem sie oft mühselige und langwierige Pilgerfahrten nach Stätten wie Sagorsk auf sich nahmen! Im Grunde tun wir alle – auch hier im Westen – nichts anderes, wenn wir die beseelten Orte aufsuchen, die unsere Psyche in tiefe Resonanz und in Kontakt zu ihren Wurzeln bringt.

Die neolithische Tempelanlage Mnajdra aus der Luft

2. *Die Mnajdra auf Malta – Heiligtum der Erdmutter*

Was mag drei Frauen bewegen, eine Nacht in den Mauerresten eines offenen Tempels unter freiem Himmel zu verbringen – auf Imaginationen, auf Träume wartend? Es war die Tempelruine der Mnajdra auf der Insel Malta, die drei Frauen aus unserer Studienreisegruppe dazu bewegte, die Nacht dort zu verbringen, so unbequem die Lagerstatt auf dem Steinboden auch sein mochte. Die Mnajdra ist eine der frühesten Tempelanlagen der Menschheit überhaupt, rund 6000 Jahre alt, eine der berührendsten in ihren vollkommenen Maßen, ihren schwingenden Formen und – das ist den Frauen wichtig – als ein Tempel der Großen Mutter, wie die Funde von Stein- und Keramikfiguren der Gottheit in den maltesischen Tempeln

Mnajdra auf Malta, Nordtempel

Mnajdra auf Malta. Neolithischer Tempelkomplex

wohl zweifelsfrei erweisen, jene feingliedrigen Figuren mit dem breiten Becken, den ausladenden Hüften, die Fülle und Fruchtbarkeit verkörpern.

Viermal war ich im Laufe der Jahrzehnte auf Malta, aber mein liebster Weg war immer der von der höher gelegenen Tempelanlage von Hagar Quim aus hinab zur Mnajdra. Im Morgengrauen und im Abendlicht bin ich ihn gegangen, wenn er menschenleer war, aber auch im Mittagslicht, wenn das Meer heraufblitzte. Früher ging der Weg etwa 500 Meter lang einfach übers Gelände hin, später wurde er befestigt. Der Weg führt heute an einem weiten Hang entlang, der sich auf einer Höhe von etwa 100 Metern über dem Meer von Hagar Quim aus sanft abwärts senkt, über steiniges, aber im frühen Jahr auch blühendes Gelände, da ging ich über Blumen. Als ich zuletzt im Februar dort war, blühten neben den Krokussen, Narzissen und wilden Hyazinthen auch der blaue Boretsch, eine besondere tiefrote Art von Klee, dazu Löwenmäulchen, Meerstrandzwiebeln, viele Arten wilder Orchideen und zahlreiche Glockenblumen. Natürlich stößt man auch jederzeit auf den Mastixstrauch und mancherlei wilde Kakteen. Von diesem Weg aus schweift der Blick übers Meer hin, wo die Insel Fifla meist halb verschwommen im Dunst sichtbar wird, ein Steilfelsen, ein vorzeitliches Felsenschiff, heute eine geschützte Vogelinsel, die jedoch bei jedem Sturm ein weiteres Stück Land verliert. Auch auf Fifla soll es unerforschte Scherben aus der Megalithzeit geben, in der die Insel offenbar bewohnt war. Später war sie ein Seeräubernest.

Nach dem Blick auf Fifla – arabisch »Pfefferkorn«, da die Insel wie ein scharfes Korn im Meer liegt – bleibt er an der einzigartig schön gelegenen und wohltuend proportionierten Tempelstätte der Mnajdra hängen – Mnajdra heißt nicht umsonst »Der Ausblick« –, die frei in eine Hangmulde gebettet vor einem liegt (so war es jedenfalls, solange der Bauzaun noch nicht existierte, der heute wegen der notwendig gewordenen Restaurierungsarbeiten angebracht worden ist).

Die Archäologin Sybille von Reden spricht mir aus dem Herzen, wenn sie den Eindruck beschreibt, den diese Tempelanlage, eine der frühesten der Menschheit, auf sie macht:

»Die Mnajdra, deren zerklüftete Mauern vor dem grenzenlosen Hintergrund von See und Himmel aus einer leeren, harten Steinlandschaft wachsen, hat wie keine andere der oberirdischen Kultstätten das Fluidum eines Ortes uralter mystischer Erfahrungen bewahrt.«[17]

Der Mnajdra-Tempelkomplex – es handelt sich um drei miteinander verbundene Tempel – steht auf einem der ältesten Kultplätze der Insel, auf der steilen stufigen Südwestküste, der hoch gelegenen Globigerinenkalk-

Mnajdra, Eingang zur Tempelanlage

platte Südmaltas. In 84 Metern Höhe bot sich eine Terrasse im Felshang des unteren Korallenkalkes für die Bauten an. Der Ort war seinerzeit topographisch noch wichtiger für die Inselbevölkerung als er es heute ist, da der Küstenstreifen unterhalb des Felsens – bei dem vor 6000 Jahren viel niedrigeren Wasserstand – damals geeignete und sichere Hafenbuchten geboten haben muss, dazu sogar einen Aufstieg von dort hinauf zu den Felsenterrassen der Mnajdra. Der Kultplatz der Mnajdra war also sowohl vom Meer als auch von den Hafenbuchten aus erreichbar, selbst für die damaligen Bewohner der Insel Fifla, die über die Hafenbuchten Kontakt zu Malta gehabt haben werden.

Immer wieder ließ ich mich zunächst in dem halbrunden Vorhof mit der vorzeitlichen Steinbank nieder, die zum ersten Verweilen und Aufnehmen der einzigartigen Atmosphäre einlädt. Um diesen Vorhof herum gruppieren sich halbmondförmig die drei in großem zeitlichen Abstand gebauten, zuletzt aber miteinander verwachsenen Tempel.

Dieses Mal steige ich zuerst die sieben Stufen zu dem kleinen Osttempel empor, der noch am deutlichsten die charakteristische Kleeblattform der ältesten Tempelbauten auf Malta aufweist, die aus der zweiten Hälfte des vierten Jahrtausends vor Christus stammen. Er hat eine ovale Mitte,

Organische Form – Mnajdra. Grundriss des Nordtempels

um die sich eine oder auch mehrere nierenförmige Ausbuchtungen ordnen, alles in organischen, körpernahen Formen, die keine Kanten und rechten Winkel kennen, als stellten sie gewissermaßen den Körper der Großen Mutter selber dar. Immer wieder tun mir diese schwingenden Formen auf eine besondere Weise wohl. Unerklärlich angezogen durchstreife ich auch diesmal zunächst den Osttempel, von dem nur noch die Megalithen eines dreifachen Tores und die mittlere Apsis in der ursprünglichen Form erhalten sind. Diese zentrale Apsis, die vermutlich den Hauptaltar barg, ist durch aufrecht stehende Platten vom Rest der Anlage abgehoben, was ihr eine besondere Würde verleiht, und zusätzlich von Orthostaten umstellt. Die Umfassungsmauer ist nach ihrer Zerstörung durch Regen und Salzwind rekonstruiert worden.

Der mittlere Tempel ist zugleich der jüngste von den dreien. Hier ist das ehemals riesige Eingangstor noch erkennbar. Sodann folgen zwei hintereinander liegende, schöne ovale Räume, die durch einen Durchgang, der zu beiden Seiten von Opferaltären flankiert ist, miteinander verbunden sind. Beide münden in die zentrale Altarnische des hinteren Raumes ein, die eine sorgfältig gearbeitete Überdachung trug. Eindrucksvoll wirkt die noch gut erhaltene Ummantelung des Mitteltempels, die ich auch besteige, um von oben ihre Stärke und Wetterfestigkeit zu bestaunen. Der

Altar im Mitteltempel

Mantel besteht aus einer Außenmauer aus dem härteren Korallenkalk und einer Innenmauer aus dem weicheren, gut behaubaren Muschelkalk, der auch die Auffüllung zwischen beiden Mauern bildet.

Nun wende ich mich dem Südtempel zu, der vermutlich von den dreien der differenzierteste und wichtigste war. Die Mauern dieses etwa 5000 Jahre alten Tempels, der etwas tiefer liegt als die anderen beiden, blieben teilweise noch in voller Höhe erhalten, obwohl die immerwährende Salzluft auch hier an den Korallenblöcken der äußeren Fassade zehrt. Zudem trugen seit den letzten Jahren die Einflugschneise des nahen Flughafens und auch Sprengungen in einem nahen Steinbruch zu der Brüchigkeit der Fassaden bei.

Nachdem ich den Eingang über eine relativ niedrige Schwelle überschritten habe – auf der seinerzeit vielleicht schon ein erstes Trankopfer zu bringen gewesen wäre –, stehe ich in einem ersten, nierenförmigen Raum, der immerhin eine Länge von 14 Metern und eine Breite von 7 Metern aufweist, was ein Gefühl von wohltuender Weite und einem schwingenden Umfangensein auslöst. Wie anders ist doch hier das Raumgefühl im Vergleich zu unseren üblichen rechteckigen Räumen – auch Kirchenräumen! – in diesem Oval, das organisch gewachsen wirkt. Auch die Proportionen stimmen hier, sie sind nicht erdrückend mächtig. Hinzu kommt

Im Südtempel: Trilithenportal

Mnajdra, Trilitheingang mit »Fensterstein«

das Gefühl, in einem zwar zum Himmel hin offenen, aber doch auch geschlossen wirkenden Raum zu stehen. Dieser Eindruck beruht vor allem darauf, sich hier unter dem »eindrucksvollsten Dachansatz aller neolithischen Tempel Maltas«[18] zu befinden. Stellenweise nämlich erhebt sich das vorkragende Mauerwerk mehr als vier Meter hoch (genau sind es 4,30 m).

Als ich mich nun der linken Seite des Raumes zuwende, stehe ich vor einer besonders schönen Altarnische mit punktiertem Trilitheneingang, also zwei senkrecht gestellten Blöcken mit einem schmalen Durchgang dazwischen und einem Stein als Türsturz darüber. Er bildet einen monumentalen Zugang zu einem Altarraum in Kleeblattform, in dem jede der Auslappungen von doppelt übereinandergelegten Trilithen ausgefüllt ist. Die voll erhaltenen Punktornamente dieses Raumes sollen mit roter Ockerfarbe betont gewesen sein, während die umliegenden Steinflächen weiß bemalt waren. Was für eine Farbatmosphäre muss den Raum erfüllt

Seitenraum mit Altarnischen

haben! Einer dieser Altäre wirkt auf mich wie ein »Back-Ofen«. Brandopferspuren wurden zwar nicht hier, aber doch vielfach unter den Altären gefunden – auf denen das Opfer (in gewisser Weise stand es immer auch für den opfernden Menschen selbst) eine Transformation erfahren sollte.

Auf der rechten Seite des ovalen Hauptraums erwecken nun zwei Öffnungen in der Wand, Orakelfenster, meine besondere Aufmerksamkeit. Was mag man hier, aus der dahinter liegenden Orakelkammer, gesprochen haben, vielleicht in heiliger Ekstase wie mit der Stimme der Gottheit selbst? Hier wie häufig im vorderen Bereich der maltesischen Tempel findet sich eine Nische, zwischen Innen- und Außenmauer ausgespart, die versteckte Zugänge und Schallröhren zu den Kulträumen hat. Diese Nischen werden auch »Kommunikationskammern« genannt. Priesterin oder Priester konnten so aus dem Verborgenen heraus zu den Versammelten sprechen, die vermutlich die Stimmen der Gottheit selbst zu vernehmen glaubten.

Nun durchsteige ich die Eingänge und Durchgänge zwischen den nieren- und kleeblattförmigen Kulträumen, die immer wieder als betonte Tore mit Trilithen und entsprechenden Türlochplatten als Durchschlupf gestaltet sind. Ovale Durchlässe führen in kleinere Kammern, zu denen es bewegliche Türen gegeben haben muss, oft erkennt man noch die Zapfenlöcher hinter den Türangeln. Auch Vorhänge, die auf- und zuziehbar waren, wurden im Rahmen des kultischen Geschehens, das wir nicht mehr rekonstruieren können, benutzt, wie auch die Seillöcher hinter den Eingängen zeigen. Ein vielschichtiges komplexes Geschehen müssen diese Kulthandlungen im Innersten des Tempels gewesen sein. Von Schwelle zu Schwelle wurden vermutlich Opfer dargebracht, wie die schalenförmigen Einbuchtungen in den Schwellen nahelegen, ehe man über die hohen Schwellen hin jeweils die neuen Räume betrat. Waren es Gleichnisse für das, was auch uns Heutigen nicht fremd ist, dass Übergänge bewusst begangen werden sollten, unter Zurücklassung, ja Opferung des Alten, um jeweils für Neues bereit und offen zu sein? Vermutlich dienten die opferschalenförmigen Vertiefungen vor und auf den Schwellen ebenfalls als Altäre, ebenso wie die meterlangen Steinbänke entlang der Wände an den Außenfassaden und auch die oft äußerst kunstvoll gestalteten, einzeln stehenden Altarsteine, von denen der benachbarte Tempel Hagar Quim einige der schönsten aufweist, die mit Punktornamenten oder spiralförmigen Reliefs über und über bedeckt sind. Ich befühle ihre fein gestaltete Oberfläche, die mich an die Struktur der Korallenriffe draußen an der Küste erinnert, und erlebe etwas nach von der Kunst der damaligen Menschen, die sie mit bloßen Steinwerkzeugen gestaltet haben. Gefäße und Abflussrinnen in den Tempeln, dazu Tierknochenfunde zeugen davon, dass hier Tieropfer und Trankopfer gebracht wurden, dass Blut oder vielleicht auch Milch ausgegossen wurde. Von Menschenopfern jedoch, wie sie in anderen frühen Kulturen durchaus üblich waren, fand sich hier keine Spur.

Zugang zum »Allerheiligsten«

Eingang zum Inkubationsraum

Durchstieg zum Altarraum mit Opferschwelle

Eine riesige Türlochplatte bildete, wie schon gesagt, den Eingang zum jüngsten der Tempel, den ich anschließend noch einmal betrete. In diesem Tempel findet sich auf dem Seitenaltar am Durchgang zwischen den beiden Haupträumen eine Ritzzeichnung, die eine Tempelfassade darstellt und so eine Vorstellung vom ursprünglichen Aufbau der Tempel vermittelt. Offenbar sind die Tempel mit einem Dach versehen gewesen, wie es auch ein Tempelmodell aus jener Zeit im Museum von Valetta zeigt, das die erwähnte Ritzzeichnung einer Tempelfassade noch mit plastischer Anschauung ergänzt. Aber wirken diese Tempel unter dem offenen Himmel heute für uns nicht fast noch angemessener? Für mein Erleben jedenfalls ist es wesentlich, diese Tempel unter einem offenen Himmel erfahren zu haben.

Ehe ich mich von dem Tempelareal trenne, lasse ich das unvergleichliche Fluidum des Ortes auf mich einwirken. Alle drei Tempel umstehen ei-

Punktierter Stein

nen halbrunden Vorhof. Zum Teil ineinander übergehend, sind sie halbmondförmig einander zugeordnet, was der Anlage einen schwingenden und bergenden Charakter verleiht. Ich ruhe auf der vorzeitlichen Bank an der Fassade des Osttempels ein wenig aus, mache mir bewusst, dass auch diese Bank ein Altar war. Das Anbindeloch für ein Opfertier, das links vor dem Eingang wie eine Öse aus dem Boden ragt, hätte mich gleich zu Anfang darauf aufmerksam machen können, doch hatte ich bei der ersten Begehung dessen Zweck noch nicht erkennen können.

Was haben wir nun mit der Erfahrung dieses Tempelkomplexes angefangen, was hat die Mnajdra mit uns Heutigen gemacht?

Aus der Ergriffenheit heraus, die dieser sehr besondere Ort und der ihm eigene Kult der Großen Mutter in uns heutigen Frauen auslöste, beschlossen einige Teilnehmerinnen unserer damaligen Gruppe, ohne die übrigen einzuweihen, wachend oder auch schlafend eine Nacht in diesen Tempeln, vor allem im Mitteltempel zu verbringen. Sie wollten selbst etwas von dem alten Brauch des Tempelschlafs ausprobieren, von dem die Figur der schlafenden Priesterin zeugt, die man im unterirdischen Tempel, im Hypogäum (vgl. folgendes Kapitel) gefunden hat. Sie hofften auf wegweisende Träume für sich selbst.

Damals war die Anlage noch offen zugänglich, kein Zaun schloss sie ab wie heute. (Für die Zukunft ist ein weitläufiger archäologischer Park geplant, bei dem die Abzäunung so verlaufen soll, dass beide Tempel, die Mnajdra und Hagar Quim, wie im Freien liegend erlebbar sind.)

Auch wollten die Frauen unserer Gruppe bei ihrem Unternehmen nicht wahrgenommen oder gar beobachtet werden. So tasteten sie sich über das sehr unwegsame Gelände des Hanges oberhalb der Küste an die Mnajdra heran und schlugen innerhalb des Südtempels ein einfaches Nachtlager auf, das nur aus Schlafsäcken bestand.

Unruhig sei die Nacht gewesen, so erzählten sie am Morgen, als sie zur Gruppe zurückkamen und uns alle wissen ließen, was sie unternommen hatten. In der Nacht seien sie wohl von Sehnsucht, einer Art von Heimweh nach der Nähe der Großen Mutter heimgesucht worden, aber auch von der Unheimlichkeit und Fremdheit des Ortes. Im Morgengrauen seien ihnen gar einige jener unangenehmen Vogeljäger begegnet, an denen Malta nicht arm ist und die es gewohnt sind, die Zugvögel bei ihrem Überfliegen oder Rasten auf dem maltesischen Archipel in Scharen abzufangen oder abzuschießen.

Unsanft hatte diese Erfahrung unsere Frauen, die im Tempel übernachteten, in die Realität von heute zurückgeholt, eine Realität, die, weit entfernt von der Ehrfurcht vor dem Leben, die Albert Schweitzer uns Heutigen auftrug, andererseits aber doch voll Heimweh nach ihr ist, weil wir auch die Spätfolgen unserer Entfremdung von der Lebensmutter so stark wie wohl keine frühere Generation zu spüren bekommen.

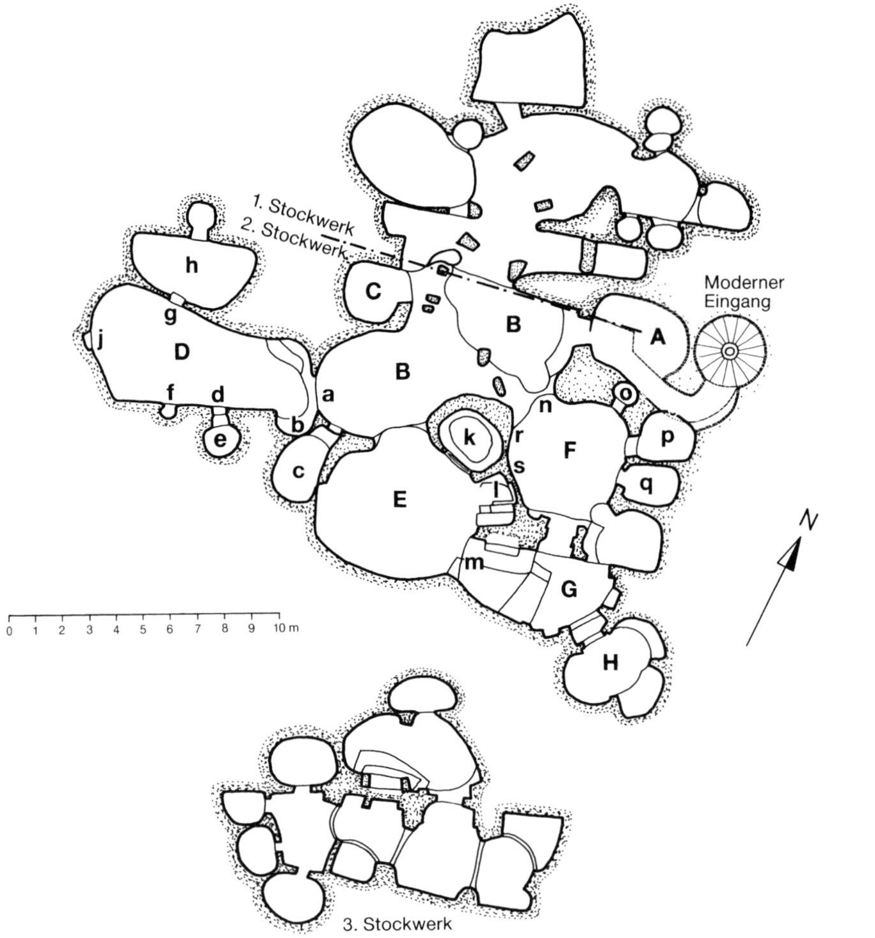

Hypogäum: Grundriss
2. Stock

A Zisterne
B Korridor
C Höhle/Kammer
D Akustikraum
  a Schlupflocheingang
  b 1. Öffnung
  c ovale Kammer
  d viereckige Öffnung
  e kugelförmige Kammer
  f Schallloch
  g Schlupfloch
  h Nebenkammern
  i verbauter Eingang in eine weitere Kammer
E Große oder gehämmerte Halle
  k fassförmige Grube
  l Öffnung und Nische
  m hinterer Durchgang
F Haupthalle
  n Eingang mit Schwelle
  o, p, q drei kleine Nebenkammern
  r, s Öffnungen in der Westwand
G Allerheiligstes
H Opferraum

3. *Das Hypogäum bei Hal Saflieni – eine Einweihungsstätte*

»Etwas von der Magie dieses Ortes mystischer Erfahrungen ist selbst heute noch spürbar. Wenn die lärmenden Touristengruppen das Hypogäum verlassen haben, scheint es, als sei die Stille von raunenden Stimmen, von Erinnerungen an Visionen, Ekstasen und Träumen belebt. Jeder Laut löst ein murmelndes Echo aus, das den dunklen Mündern der Grabzellen entsteigt. Wer mit tiefer Stimme in eine kleine ovale Öffnung spricht, die in Gesichtshöhe in die Wand der Halle mit der ranken- und volutenübersponnenen Decke eingemeißelt wurde, erschrickt von dem Widerhall, der bis in die fernsten Räume als geisterhafte Stimme dringt. Erreichten von hier aus die Worte eines Priesters oder einer Seherin, aus denen die Gottheit sprach, die Eingeweihten?«[19] So erlebt und imaginiert eine heutige Ar-

Hypogäum auf Malta

chäologin die inneren Vorstellungen und Bilder, die diese Einweihungsstätte aus der Megalithzeit in ihr auslöst.

Auch in der jüngsten Vergangenheit mag es eine besondere Erfahrung mit diesem Raum gegeben haben, die bis zu unserer Generation herüberreicht: Während der Luftangriffe im Zweiten Weltkrieg, die Malta in nicht geringem Maße heimsuchten, haben die Bewohner dieses Viertels, des Vororts Hal Saflieni, in dem das Hypogäum liegt, dort Zuflucht gefunden. Was mag ihnen dieses uralte Gewölbe, ein Raum des Schutzes oder auch der Vertrautheit mit dem Tode und des selbstverständlichen Glaubens an die Lebensmutter, bedeutet haben? Da ich selbst als Kind im Kriege erste Erfahrungen gemacht habe mit dem Schutz, den unterirdische Höhlen gewähren, mit Bunkern und Luftschutzkellern, liegt es mir nahe, auch die Erinnerung an diese Erfahrung mit dem Hypogäum zu verbinden.

Mehr als zehn Jahre lang ist nun die aufregendste Stätte der Insel Malta nicht mehr zugänglich gewesen, das »Hypogäum«, wie der griechische Name für das »Unterirdische« lautet: eine meisterlich ausgestattete, labyrinthische Anlage, die drei Ebenen im Inneren eines Felsens umfasst, geheimnisvoll und auch ein wenig unheimlich.

Siebentausend Skelette, und zwar – mit einer einzigen Ausnahme – nur Skelette von Frauen, wurden hier gefunden, neben Tonfiguren und Tongefäßen oder vielmehr deren Scherben. Daher wurde diese Anlage von den Archäologen zunächst für eine Nekropole gehalten; später deutete man sie wegen ihrer überzeugenden Übereinstimmung mit den oberirdischen Tempeln Maltas vor allem als eine Tempelanlage, jedoch mit angeschlossener Begräbnisstätte. Die heutige Forschung tendiert dazu, das Hypogäum als eine »Einweihungsstätte«, vermutlich für die Priesterinnen der dortigen Heiligtümer, zu verstehen. Das macht die Perspektive eher noch aufregender. Denn dann wäre hier ein »archaisches Mysterienzentrum« aufgefunden worden, unberührt erhalten geblieben, eine Sakralstätte, wie sie kein Archäologe zuvor zu rekonstruieren gewagt hätte: »Im Hypogäum ist sie der Wissenschaft zugefallen.«[20]

Auch Sibylle von Reden schließt sich dieser Auffassung an: »Einst war der Abstieg in dieses Labyrinth mit den ocker-rot gefärbten Wänden vielleicht ein Initiationsritus, eine Vorbereitung auf das endliche Eingehen in den Schoß der großen tellurischen Gottheit, in die zeitlose Welt der mächtigen Toten, die dort unten segensreich wirkten und zu den Menschen sprachen, die ihre geheimnisvollen Stimmen im Traum vernahmen.«[21]

Diese geheimnisvollen Traumstimmen waren wohl vor allem während des Tempelschlafs zu vernehmen, der hier gebräuchlich war, wie die schon

Hal Saflieni, Schafende Priesterin

genannten Funde von Figuren schlafender Priesterinnen zu beweisen scheinen.

Als ich schließlich durch Marianne Buttigieg-Jeklin, die auf Malta ansässige Archäologin, eine inspirierende Führung durch das Hypogäum als einer Einweihungsstätte für Priesterinnen erlebte, geschah dies keineswegs im derzeit geschlossenen Hypogäum selbst, sondern nur vor einem Modell der unterirdischen Anlage, das im Nationalmuseum von Valetta ausgestellt ist. Doch war diese Darstellung derart anregend und aufregend sowohl für mich als auch für die damals beteiligte Gruppe, dass meine noch lebendige Erinnerung an den Gang durch das wirkliche Hypogäum, der um Jahre zurücklag, dadurch rückwirkend verändert wurde und sich mit farbiger Phantasie und neuer Beseelung auflud.

Das Hypogäum, das »Unterirdische«, ist wie der Innenraum eines riesigen Erdleibes ausgestaltet. Raum greift in Raum. Hier waren die verstorbenen Priesterinnen begraben, im gleichen Berg wurden die jungen Priesterinnen ihrer Initiation entgegengeführt, im gleichen Berg ruhten sie im Initiationsschlaf oder im Heilschlaf, wobei sie an den Kräften sowohl der großen Mutter Erde wie der hier ruhenden Toten Anteil bekamen. Die jungen Priesterkandidatinnen wurden vermutlich bei Dunkelheit durch das Labyrinth der immer tiefer abfallenden Räume geschleust, durch die sie sich medial-instinktiv hindurchtasten mussten, wenn sie sich nicht den Hals brechen oder durch Sich-Verirren umkommen wollten. Wer lebend herauskam, hatte eine symbolische Todeserfahrung gemacht, war weiser geworden – eine Voraussetzung damals für die Ausübung des Priesterinnenamtes im Dienste der großen Lebensmutter.

Priesterinnen hüteten den Tempel, den sichtbar gemachten Leib der unendlich fruchtbaren Großen Mutter. Priesterinnen walteten in der Tiefe der Erde wie hoch über dem Meer in Mnajdra , und sie verbanden beides, die Kräfte der Lebenden mit denen der Toten, die Kräfte des Tages mit denen der Nacht, die Kräfte des Gebärens mit denen des Sterbens, verbanden sich auch selbst mit den visionären Gesichten unter der Erde, bei Tempelschlaf und Heilschlaf. So wenig wir über diese frühe Zeit an exaktem Wissen haben, nichts Schriftliches eben außer der zeichenhaften Symbolsprache, so sprechend und die Phantasie anregend sind doch die erhalten gebliebenen steinernen Zeugnisse, die Tempelanlagen und die Figuren der Priesterinnen, ja der Göttin selbst, die sich hier fanden.

Ein Jahrzehnt früher war ich schon einmal in dem Hypogäum gewesen, das der Gruppe jetzt nicht einmal mehr unter Führung einer Archäologin geöffnet wurde! Warum eigentlich hat man es seit gut einem Jahrzehnt geschlossen gehalten? Es hängt wohl damit zusammen, dass sich schon seit den neunziger Jahren erhebliche Schäden an den eigentümlichen Ockermalereien, den Spiralen-, Ranken-, Scheiben- und Wabenmustern auf den Wänden des Hypogäums bemerkbar gemacht hatten, Schäden, die durch das veränderte Klima in den Höhlen entstanden waren, das an den Malereien, die alle drei Stockwerke des Hypogäums füllen, ernstlich zu zehren begonnen hatte. Um der Zerstörung Einhalt zu gebieten, war zunächst nur noch einer begrenzten und vorangemeldeten Zahl von Besuchern der Zugang gewährt worden, doch seit vielen Jahren nun nur noch den archäologischen Forschern und Restauratoren.

Über eine Wendeltreppe, die in den Fels geschlagen ist, bin ich damals in die Anlage eingestiegen, verwundert darüber, dass der Eingang zu einer derart geheimnisumwobenen Stätte direkt zwischen modernen Wohnhäusern lag, in Hal Saflieni, dem »Ort, wo begraben wird«, und dort speziell in der Buriel-Street, also fünf Kilometer von Valetta, der Hauptstadt Maltas, entfernt. Immerhin schien man in dieser Gegend – wie die Orts- und Straßennamen zeigen – noch zu wissen, dass eine Begräbnisstätte in der Nähe lag, und in der Tat, es gibt einen Ausgrabungsbefund, der erweist, dass noch während der letzten Blütezeit des Malteserordens die Kenntnis von dieser Stätte vorhanden gewesen ist.

Doch fehlte damals der Umgebung des Eingangs dadurch, dass er zwischen Wohnvierteln lag, alles Beseelte. Als ich jedoch erfuhr, wie es überhaupt zur Wiederentdeckung des Hypogäums im letzten Jahrhundert gekommen war, gewann auch dieser ernüchternde Zugang seine Stimmigkeit. Ist die Entdeckung beziehungsweise die Wiederentdeckung doch erst im Jahre 1902 erfolgt! Bei dem Bau der Zisterne für das hier entstehende Neubauviertel war einem der Bauarbeiter plötzlich der Boden unter den Füßen durchgebrochen, so dass er in eine unvermutete Felskammer stürzte, die zufällig eine Verbindung zu der unterirdischen Haupthalle hatte. Vom Vorhandensein einer solchen Haupthalle aus hatte man Grund, auf eine gewaltige Anlage zu schließen, deren Ausgrabung dann von 1903 an eingeleitet wurde. Als um 1905 mit Themistokles Zammit, dem neuen Direktor des Malta-Museums, die Ausgrabungsarbeiten energisch in Angriff genommen wurden, kam es zur Freilegung des ganzen Geländes. Bald kamen überraschende Fundstücke zutage, darunter Tonfiguren, die vermutlich die Göttin und ihre Priesterinnen darstellten. Seitdem besteht kein Zweifel mehr, dass das Hypogäum zu der bedeutendsten »Tempelentfaltung des Neolithikums« gehört und in der Mittelphase zwischen 4100 und 3000 v. Chr. entstanden ist, während die Anfänge noch in der Vortempelphase liegen.

Alle Funde und Erscheinungsformen decken sich mit denen der übrigen Megalithbauten auf der Insel, wie beispielsweise denen der Mnajdra.

Als unentdeckte unterirdische Stätte hat es jedoch im Unterschied zu den übrigen die 5 bis 6 Jahrtausende seitdem in fast unberührtem Zustand überdauert und dient heute als Beweis für den besonderen Geist und die handwerkliche Feinheit der maltesischen Tempelanlagen.

Von dem Eingang aus, den man damals benutzte, kam ich über eine Wendeltreppe rasch in das Mittelgeschoss. Dieser Eingang jedoch ist erst später angelegt worden und hat nichts mit dem ursprünglichen zu tun, der seinerzeit nur für Archäologen zugänglich war. Die mehr als vier Meter lange große Höhle, auf die wir hier gleich stoßen, barg damals bei der Ausgrabung die noch unberührten Ablagerungen menschlicher Knochen, aber auch Keramik, Figurationen und die darunter gemischte Erde. Die Toten selbst wie auch die Grabbeigaben waren mit rotem Ockerpulver bedeckt, das bei der Ausgrabung so frisch wie eben getrocknes Blut gewirkt und bei der Entdeckung einigen Schrecken ausgelöst hat.

Gegenüber liegt eine große glockenförmige Zisterne (A) von etwa sieben Metern Tiefe, aus der vermutlich das Wasser für die Kulthandlungen im unterirdischen Heiligtum geschöpft wurde. Folge ich dem Gang hier weiter nach unten, so stoße ich rechts auf eine tiefer liegende Kammer, deren Wand durchbrochen ist und eine fensterlose Öffnung bildet. In deren Umfeld liegen viele weitere Kammern. Wozu aber dienten all diese Kammern, wozu all diese Schlupflöcher, so frage ich mich umso ungeduldiger, je komplizierter das Ganze wirkt. Waren es Bestattungsorte, waren es gar Plätze für den Initiationsschlaf und Initiationstraum einer künftigen Priesterin, den sie in der Nähe der Toten zu vollziehen hatte? Dafür spräche der schon erwähnte Fund einer schlafenden Priesterin, der hier im Hypogäum gemacht wurde. Oder wurden hier Kultgeräte eingestellt? Waren es Durchgänge für einen Initiationsweg, den man erst ertasten und finden musste? Wehe, wenn die Beleuchtung ausfiele! Wie hätte die Initiandin sich dann hier hindurchgetastet? Erstaunlicherweise wurden hier keine Spuren von Ruß oder Brand gefunden. Dennoch wird man in jenen frühen Zeiten, aus denen das Hypogäum stammt, wohl doch mit Kienspan, Öllampe oder Kerze seinen Weg gesucht haben. Oder gab es Lichtspalten, Spiegelvorrichtungen?

Ein vertikaler Niveaubruch von 1,10 Meter, also eine sehr tiefe Abstufung, führt von hier hinab in den ersten Raum des mittleren »Stockwerks«, eine Art von »Korridor«, den ich damals von der Wendeltreppe des Eingangs aus ziemlich direkt erreichte (B). Er gewinnt seinen Charakter durch die ausgearbeiteten Pilaster in Hochrelief, die den etwa zwei Meter hohen Raum gliedern. Es ist erstaunlich, wie glatt poliert seine Wände sind. An einigen Stellen allerdings wirken sie auch unbearbeitet und mit unzähligen Bohrlöchern durchsetzt, als habe der Raum weiter ausgebaut werden sollen. Doch auch die roh belassene Wand und die entsprechenden Deckenteile sind über und über mit rotem Ocker bemalt, in spiraligen Formen, die sich in diesem Stockwerk fast in jedem Raum finden.

Sind diese Ockermalereien, diese Spiralen in der Blut- und Lebensfarbe Rot bewusst an diesem Ort angebracht, an dem so viel an den Tod erinnert, musste dieser Raum im flackernden Licht der Öllämpchen oder eines Kienspans nicht fast wie der körperliche Innenraum der Erdmutter mit ihrem Adergeflecht erschienen sein?

Es ist wieder ein fensterartiges Schlupfloch, durch das ich von hier in den kurzen Gang zu der sogenannten »Akustikhalle« (D) gelange. Das Bodenniveau ist hier um fast zwei Meter tiefer als im »Korridor« zuvor, so dass heute durch eine kleine Treppe eine Einstiegshilfe gegeben wird. Wie aber durchstieg man in der ursprünglichen Anlage bei gewiss geringerer Beleuchtung als heute diese mächtige Abstufung? Der große Raum (von 8 Metern Länge, 4 Metern Breite und einer Höhe von 2,50 Meter) hat die

Das Hypogäum. Der Orakelraum in der Akustikhalle

Form eines Trapezes mit gewölbter Decke, die, wie die Wände, über und über mit Spiral- und Rankenmustern in rotem Ocker überzogen ist. An der linken Wand befindet sich etwas noch Interessanteres, das Schallloch, das dem Akustikraum seinen Namen gegeben hat. Es hat immerhin einen Durchmesser von ca. 60 Zentimetern und liegt in Mundhöhe. Durch Hineinsprechen in diese ovale Form, durch Hinein-Singen oder -Brummen, vor allem in tieferen Lagen, entsteht ein vibrierender Ton mit Echowirkung, der sich unvermutet weit in die Gänge und Winkel der Anlage ausbreitet, sich jedoch am intensivsten in der *Haupthalle* entfaltet. Welche Signale mögen hier gegeben, welche archaischen Gesänge hier angetönt worden sein?

Auch die *Haupthalle* (F) dieser Etage ist vom Korridor aus nur über eine hohe Schwelle zu erreichen, für die der Fuß beim Einsteigen etwa 60 Zentimeter gehoben werden muss, um drüben in der Haupthalle um 20 Zentimeter tiefer, nämlich 80 Zentimeter weiter unten anzukommen. Die Schritte, die Übersteigungen wollen also achtsam ausgeführt werden, wenn ein Stolpern oder gar ein Stürzen vermieden werden soll. Die Schwellen zwischen den Räumen, die vermutlich auch Opferstellen waren und oft durch schalenförmige Vertiefungen gekennzeichnet sind, sind überhaupt charakteristisch für Maltas Tempel. Um diese Schwellen überschreiten zu können, bedurfte es jeweils eines sehr bewussten Schrittes, eines sehr bewussten Gehens und Tastens. Die Gefahr, darüber zu stürzen, war durchaus gegeben. Gleichnishaft stellen sie die Schwierigkeit dar, von einem Lebensraum in den anderen zu kommen, die auch wir Heutigen beim Durchlaufen der Lebensübergänge sehr wohl kennen. Auch hier kommt es darauf an, den alten Raum jeweils bewusst zu verlassen unter Opferung dessen, was hier zurückbleiben muss.

Diese »Haupthalle« in den Maßen 4,25 zu 4,75 Meter und einer Höhe von 3 Metern ist wiederum hervorragend proportioniert, was ein Wohlgefühl auslöst, sobald man sie betritt und in ihr verweilt. Er ist ein Meisterwerk, beherrscht von den als Hochrelief imitierten megalithischen Kennzeichen der Tempel: Trilithen, Ein- und Durchgängen sowie Nischen und Kammern, unter denen zum Beispiel die beiden Reihen von je drei übereinander angeordneten Kammern auffallen. Wozu nur dienten diese Kammern?

Waren sie offene Grabkammern? Befinden wir uns nun doch in einer Art von Katakombe? An dem Deckstein jedoch, der anscheinend ein übereinander liegendes vorkragendes Gebälk trägt, wird ein weiteres Mal sichtbar, dass diese unterirdischen Gewölbe dem eines Tempelraums und seiner Überdachung nachempfunden sind. Es handelt sich dementsprechend doch vor allem um eine Tempelanlage. Eine Besonderheit des Hypogäums gegenüber den Außentempeln stellt allein die konkave Grube (k) dar, die sich in einer Nische der mit wabenartigen Mustern versehenen sogenannten *gehämmerten Halle* (E) befindet, der neben der Haupthalle liegt. Durch ein Fenster in der Wand der benachbarten Haupthalle konnten Opfergaben in den tiefen Schacht der Grube eingeworfen werden. Hier wurde schließlich auch die Statuette der »Schlafenden Priesterin« neben Schmuckstücken und Amuletten gefunden. Die »Schlafende Priesterin« stellt eine feingliedrige Figur dar, die jedoch, auf der Seite liegend, unter ihren gewaltig ausladenden Hüften wie unter einem Berg geborgen ruht. Mit ihren mächtigen Hüften gleicht sie den dort gefundenen Statuetten der großen Göttin, deren Priesterin sie wohl war.

Von der Haupthalle aus ist das *Allerheiligste* (G) des Tempels zu erreichen, das sich in einer Altarnische von halbrunder Form befunden haben muss. Der Eingang hierzu ist wundervoll wie eine gegossene Tempelfassade gestaltet. Ein V-förmiges Anbindeloch im Boden, das, bei der Ausgrabung noch sorgfältig mit einem genau passenden Pfropfen verschlossen, ein paar Ziegenhörner enthielt, beweist ein weiteres Mal, dass hier Tiere geopfert wurden. Bei der Ausgrabung fand sich hier an der Wand

Hypogäum. Das »Allerheiligste« im unterirdischen Raum

noch zusätzlich eine schwarze Stierzeichnung, die heute leider verwittert ist.

Vom »Allerheiligsten« aus betritt man den nierenförmigen *Opferraum* (H), dessen Bodenniveau wieder fast einen Meter unter dem des Allerheiligsten liegt. Die Folge der Räume führt in immer größere Tiefen. Der Opferraum ist am innersten Ende der hypothetischen Hauptachse der unterirdischen Tempelanlage gelegen. So war er wohl der Ziel-Raum des ganzen Weges.

Neben dem Durchgang von der Haupthalle ins Allerheiligste liegt auch der Eingang in die tiefste, die unterste Etage. Bereits der Boden des »Allerheiligsten« ist mit stufenartigen Niveaubrüchen durchsetzt, die rechts eindrehend zum Eingang in das *dritte Untergeschoss* überleiten. Die nach unten führende Treppe besteht aus sieben merkwürdig unterschiedlichen Stufen, von denen die letzte zugleich auf einem Orthostaten aufruht, der sich zwei Meter tief in den unteren Raum herabsenkt. Wer hier weiter ginge, stürzte also zwei Meter tief hinab. Sollte es sich hier tatsächlich um eine Falltreppe, eine Fallgrube handeln, wie manche, darunter Buttigieg meinen? Der Grubenraum selber ist wieder sorgfältig ausgestaltet und führt in fünf weitere Ausbuchtungen, von denen aus kein Weiterkommen ist. Es gibt hier noch einen untersten letzten Raum, von vier kleineren

Zugang zum Allerheiligsten des Hypogäums

Von Höhle zu Höhle

Kammern umgeben, die zwar schlupflochartige Eingänge, aber keine weiteren Ausgänge haben. Sollten hier weitere Kulträume entstehen? Natürliche Spalten dienten hier wohl der Belüftung des unteren Stockwerks. Es ist heute nicht mehr genau zu rekonstruieren, auf welche Weise das Hypogäum seinerzeit belüftet war, und ob es überhaupt Vorrichtungen für Frischluftzufuhr gab. Andererseits handelte es sich doch um offene Grabkammern. Wie mochten die Menschen, die hier ihre Bestattungen, Opferhandlungen und sonstige Rituale vollzogen, in diesen Räumen geatmet haben, wenn es keine Luftschächte gegeben hätte?

Ehedem vorhandene Erdspalten, die Luft einließen, mögen sich im Laufe der Jahrtausende verschoben haben, so dass man sie nicht mehr auffinden kann.

Die Restaurierung während der letzten Jahre soll sich jedenfalls auch um ein neues Belüftungssystem gekümmert haben, das das Klima in dem Höhlenkomplex künftig in der Weise beeinflussen wird, dass die noch bestehenden Wandmalereien möglichst lange erhalten bleiben. Im übrigen war das unterste Stockwerk leer, weder die Spuren von Bestattungen noch von Grabbeigaben waren zu finden. Auch wirkten etliche der Räume unfertig, der Schluss liegt nahe, dass die Arbeiten – aus welchem Grund auch immer – abgebrochen werden mussten, bevor alles vollendet war.

Das Hypogäum erstreckt sich also über drei Etagen, die sich jeweils um ein »Stockwerk« tiefer in den Berg graben. Es reicht vierzehn Meter weit in die Tiefe und ist aus dem hier vorhandenen Gestein, dem Globigerinenkalk ausgehauen, der sich innerhalb des Berges, in der Feuchtigkeit, die dort herrscht, mit Steinwerkzeugen leicht bearbeiten lässt. Im Ganzen nimmt das Hypogäum eine Fläche von 500 Quadratmetern ein. Seine Anfänge reichen in die frühesten Kulturstufen Maltas zurück, was schon dadurch erwiesen ist, dass in den obersten, also ältesten »Etagen« Funde sogar aus der Vortempelzeit gemacht wurden, während die Funde aus dem zweiten »Stockwerk« allesamt in die Mittel- und Spätphase des Tempelbaus datiert werden konnten.

Wenn ich nun die Informationen über das Hypogäum, die ich heute gewonnen habe, und die visionäre Darstellung und Deutung, die Frau Buttigieg dem Tempel als Einweihungsstätte gab, mit meinem früheren Gang durch das Hypogäum vergleiche, so erscheint es mir heute noch faszinierender als schon damals. Indem ich das Hypogäum in der Erinnerung noch einmal durchschreite, verbinde ich diesen Gang mit der Vorstellung, eine Priesterinitiandin durchmesse ihn im Dunkel oder doch im Halbdunkel.

Die Einzuweihende also schritt vorbei an den Toten, die gewiss keine gewöhnlichen Toten waren, diese wurden in die weit auf der Insel verstreuten Grabstätten bestattet, sondern vermutlich nichts Geringeres als die weibliche Priesterschaft dieses unterirdischen Tempels. So wanderte die Initiandin denn durch diese Kammern wie durch Katakomben. Wird sie in einer der offenen Kammern ihren Initiationsschlaf in der Nähe der Toten gehalten haben, in Erwartung einer Initiationsvision, wie es – der hier gefundenen Figur der Priesterin zufolge – wohl in diesen Gewölben möglich und auch üblich gewesen ist? Mag sie dann angerufen worden sein, wachgerufen durch das akustische Leitsystem, das all diese Gänge durchzog, aufgefordert, wie von einer göttlichen Stimme, weiterzuwandern, weiterzutasten durch Wege, Kammern und Säle, über die zahlreichen Schwellen hinweg, bei denen wohl immer wieder ein Opfer, ein Speise- oder Trankopfer zu erbringen war? Wurde sie durch die verschlungenen, labyrinthischen Wege womöglich immer tiefer in den Leib der Mutter Erde hineingeführt, deren Innenräume, mit der blutroten Ockerfarbe ausgekleidet, wie ein Adersystem in der Gebärmutter der Erde wirken mochten? Wurde sie von diesem Adersystem unter Trilithen-Toren hindurch zum Allerheiligsten hin geleitet, wo sie womöglich das lebende Opfertier vorfand, das in dem noch tiefer gelegenen Opferraum dargebracht werden sollte? Nahm sie nur teil an dieser Opferhandlung, oder hatte sie selbst dieses Ritual mitzuvollziehen, selbst zu töten und das Blut aufzufangen und wurde auch auf diese Weise noch tiefer eingeweiht in die sakralen Geheimnisse um Leben und Tod, um die sie als Priesterin der Magna Mater von Malta gewiss in vertieftem Sinne wissen musste? Fragen über Fragen tun sich hier auf, die wir allzu gerne beantwortet haben möchten, was wir ehrlicherweise doch nicht können. Lassen wir dafür das Geheimnis stehen! War der Abstieg ins unterste Geschoss, in die Abgründe der Erde hinein über jene unregelmäßige Treppe, über die man zuletzt mehr als zwei Meter tief abstürzen konnte – sollte? – womöglich mit eingeplant in diesen Initiationsweg? Musste die Initiandin diesen Absturz erleben, gehörte er zu ihrer Initiation, gehörte es auch dazu, nach diesem Sturz für eine Weile dort unten in dem innersten Kammerraum der Erde zu verbleiben, aus dem es keinen Ausweg mehr gab? In diesem untersten Grubenraum?

Andererseits zeigen die sorgfältigen Steinmetzarbeiten dort, die fein gestalteten Architekturen auch noch im untersten Stockwerk, dass es bei allem, was hier geschah, um rituelle Vollzüge ging, die in einen archaisch-sakralen Rahmen gehörten, nicht einfach darum, in eine Grube abzustürzen und dort liegen zu bleiben.

Wäre es nicht vorstellbar, dass die junge Priesterkandidatin sich nach dem lebensgefährlichen Durchgang durch das Hypogäum und nach vollzogener Opferhandlung als Gewandelte und Initiierte zurückgeleiten lassen durfte, sich zurücktasten konnte ins Licht? Wurde nicht überhaupt eine unglaubliche Intuition, ein furchtloser Tastsinn, eine ungewöhnliche Trittsicherheit von jeder der Initiandinnen als Voraussetzung für diesen Weg erwartet? Gehörte vielleicht gerade dies zu den Voraussetzungen und Eigenschaften einer künftigen Priesterin, sich in den Leib der Magna Mater zu den Toten zu wagen, um hier den Ruf durch Traum und Vision zu vernehmen und bereit zu sein zu Opfer und Wandlung, wie durch ein Sterben hindurch, zum Sturz in die Grube und zu der möglicherweise darauf folgenden Wiedergeburt? Ging es darum, eben durch all diese Schritte und Vollzüge hindurch eingeweiht zu werden in das Sterben und Auferstehen, in den Wandlungsrhythmus der Großen Lebensmutter?

Auch wenn wir das im Einzelnen nicht wissen, ist es doch keine Frage, dass die sorgfältig angelegte Folge von Räumen eine kultische Bedeutung gehabt haben muss und einen schrittweisen, stufenweisen Durchgang symbolisiert haben dürfte. Genaueres aber wissen wir hierüber nicht.

Doch beruht die Art der »Beseelung«, die dieser unterirdischen Stätte eignet, vor allem auch auf den Vorstellungen und inneren Bildern, die wir – im Aus-Imaginieren jener Vorschläge der Archäologen – mit ihnen zu verbinden wissen. Der Initiationsweg einer künftigen Priesterin, verbunden mit visionärem Tempelschaf, ist eine solche Vorstellung, eine Imagination, die all diese Gänge, Schlupflöcher, Säle und Nischen spezifisch belebt und beseelt für jeden und jede, die ihn nachvollziehen wollen.

Zwei Figuren, die hier gefunden wurden, geben solchen Imaginationen Rückhalt, stellen sie doch vermutlich zwei solcher Priesterinnen auf dem Einweihungsweg dar. Da ist die schon mehrfach erwähnte »Schlafende Priesterin«, die – mit mächtigem Unterkörper, Hüften und Gesäß – auf der Seite ruht, dem Tempelschlaf hingegeben, eine Frau, die den in Malta gefundenen Darstellungen der Göttin selber in allem gleicht und mit der sie in diesem Schlaf vermutlich eins wird (vgl. Abbildung S. 43).

Und da ist die andere Tonfigur, die sich, auf dem Gesicht ruhend, die angewinkelten Arme und Hände erhebend, in einer Haltung der Hingabe an die Gottheit befindet, wie sie noch heute bei der Weihe von Priestern, Nonnen oder Mönchen eingenommen wird.

Sibylle von Reden, eine der besten Kennerinnen des Hypogäums, beschreibt ihre eigene Erfahrung mit der Beseelung dieses besonderen Ortes so:

»In der Hut des goldenen Felsens blieb dieses Sanktuarium als einziges der Insel genau so bewahrt, wie es vor fast 5000 Jahren geschaffen wurde. Zusammenhänge blieben dort erhalten, die in den Megalithtempeln längst zerstört wurden.«[22] Eine unvergleichliche Atmosphäre erfüllt dementsprechend die uralte Stätte! –

Das Hypogäum ist inzwischen für begrenzte und vorangemeldete Besuchergruppen wieder geöffnet.

4. *Der Isis-Tempel von Sabratha in Libyen*

Beseelt ist der ganze Ort, den wir in einer kleinen Reisegruppe von Freundinnen wenige Stunden nach Überschreiten der tunesisch-libyschen Grenze fast unverhofft entdeckten. Sabratha war die westlichste Stadt der antiken Tripolitana, des Dreistädtebundes an der südlichen Mittelmeerküste, zu der damals noch Leptis Magna und Oea gehörten und von dem heute noch der Name der Hauptstadt Libyens, Tripolis zeugt. Fast unverhofft waren wir an dieser wunderbar gelegenen und trotz zahlreicher Erdbeben wundersam erhaltenen antiken Stadt, die punischen Ursprungs ist, vorbeigekommen, gleich am ersten Tag einer Reise, die uns tief in den Süden Libyens, in die Sahara westlich von Germa führen sollte. Die Reiseroute, von der Insel Djerba ausgehend, führte am nördlichen Küstenstreifen des Mittelmeers entlang. Wohl hatten wir im Reiseführer[23] einen unübersehbaren Hinweis auf diese bedeutende antike Hafenstadt gefunden, insofern war es nicht gänzlich unerwartet, was wir hier entdeckten, doch war Sabratha für mich eine der stärksten und schönsten Begegnungen mit den Spuren einer antiken Hafenstadt überhaupt. Das will natürlich nicht besagen, dass es keine bedeutenderen Stätten dieser Art gäbe – zumal ich sie nur in recht begrenztem Maß kenne –, es heißt nur, dass ich subjektiv hier eine besondere Beseelung des Ortes erfahren habe. Was aber bewirkte dies? Es war gewiss die Fülle der recht gut erhaltenen kulturellen und religiösen Stätten – darunter ein kostbares und gut restauriertes antikes Theater –, die von vorchristlicher, punischer Zeit bis in die byzantinische reichte, es war auch die Stille, in der wir sie begehen konnten. Außer uns fanden sich am frühen Nachmittag nur zwei weitere Menschen auf dem ausgedehnten Gelände. Es ist aber vor allem die Lage, die diesen Ort als beseelt erfahren ließ.

Kaum dem Kleinbus entstiegen, in dem wir seit dem frühen Morgen unterwegs gewesen waren, um die Mühsal des Grenzübertritts nach Libyen auf uns zu nehmen, wehte uns eine würzige Brise Meeresduft entgegen. Weit ausgedehnt, umgeben und durchwachsen von blühendem, duf-

Sabratha. Säulengruppen des Isis-Tempels, vom Osten her gesehen

tendem Grasland und Gebüsch, lag das Gelände mit der ehemaligen Stadtlandschaft vor uns und erstreckte sich bis hinunter ans Meer. Einzelne Säulen und ganze Säulenreihen, die zu alten Tempeln zu gehören schienen, ragten aus ihr auf. Gliederungen wurden hier und da erkennbar, als markantestes Zeichen die überhohe punische Stele mit ihrer eigenartigen Spitze zur Linken, und dann das römische Theater zur Rechten mit seinem eleganten Aufbau, mit seiner Bühne, die nach der Restaurierung wieder die alte Höhe gewonnen hat und sogar Durchblicke aufs Meer erlaubt.[24]

All dies rief uns an mit den vielfältigen Stimmen früherer Generationen, Stimmen von phönizisch-punischen Baal- und Tanit-Verehrern, von Alexandrinern, die aus Ägypten der Kult von Serapis und Isis herübergetragen, von Römern, die Zeus und Demeter ins Land gebracht hatten, von Juden, die ihren einen Gott verkündeten, bis hin zu den Byzantinern, die das Christentum zu einer stolzen Staatsreligion entwickelt hatten. All dies wollte wahrgenommen, aufgenommen werden und rief schon beim ersten Anblick und Überblick eine tiefe Resonanz in uns hervor. Es war diese eigentümliche Nachbarschaft und Verschmelzung der Religionen, die schon die Spätantike kennzeichnete und heute wieder aktuell geworden ist, wenn auch von den christlichen Kirchen kritisch beäugt. Doch was uns sechs Frauen, die diese Stätte miteinander betraten, am stärksten faszinierte, waren die Säulengruppen, die von einem Isis-Tempel her herüberragten, der, direkt am Meer gelegen, ein ganzes Stück weit außerhalb des alten Stadtgebietes seinen Standort gefunden hatte. Ein Isis-Tempel direkt am Meer – dies zu erleben reizte uns so sehr, dass wir uns auf einen Pfad durch die struppige, stachlige, blühende Macchia begaben und voranämpften, manchmal Vögel aufscheuchten, um nur ja die kürzeste Strecke zum Tempel zu finden. Doch waren wir erleichtert, als wir den ausgetretenen Lehmpfad, der eigentlich als Weg zum Isis-Tempel gedacht war, erreichten und auf ihm bleiben konnten. Dieser Weg, der auch ein Stück alte Römerstraße mit gut erhaltenen Pflastersteinen enthielt, führte durch blühende Büsche und Sträucher, bis wir schließlich zum Tempel der Isis gelangten, an dessen freigelegtem Fundament sich direkt die Meereswellen brachen. Vom Rauschen des Meeres umhüllt, vom Duft wilder Sträucher, vom gelegentlichen Schrei der Küstenvögel und auch vom Summen der Luft mit ihren Bienen und Schmetterlingen, so begegnete uns Isis. Bis heute beseelt sie ihre Kultstätte, die große uralte Göttin aus dem Nildelta Ägyptens, dem angrenzenden Nachbarland, die uralte Lebens- und Todesgöttin, die Neugeborene segnet und die Toten in ihre Arme nimmt. Mit geöffneten Armen finden wir sie in die Särge der frühen Ägypter gemalt, damit ein jeder in die Geborgenheit ihrer Arme hinein sterben konnte! Doch ist sie auch die Liebende, die untröstlich um ihren Geliebten trauerte, den durch den Wüstengott getöteten Osiris, die ihn unermüdlich suchte durch alle Arme des Nildeltas hindurch und ihn Glied für Glied aufsammelte und wieder zusammenfügte, als sie ihn zerstückelt fand. Von dem toten Osiris empfing sie noch einen Sohn, den Horusknaben, in dem Osiris fruchtbar wurde über den Tod hinaus, durch den Tod hindurch. Was für ein Mythos von einer Göttin, die als Liebende, Geliebte und als Mutter zugleich ver-

Sabratha. Durchblick aus dem restaurierten Bühnenhaus zum Meer

Sabratha. Römisches Theater vom Ende des 2. Jh. v. Chr.

ehrt wurde, einer Göttin, die in Frauen eine tiefe Resonanz hervorruft! Hier an dieser Stätte mochte auch eine Plastik, eine Figur der Isis mit dem Horusknaben gestanden haben, wie sonst überall an ihren Altären im Mittelmeerraum: die göttliche Mutter, die den Sohn stillt, ein Bild, das in den späteren Figuren der Maria mit dem Jesuskind ein Echo über die Jahrtausende hin fand. Isis mit dem Horusknaben ist das Urbild dieser Gestaltungen. Isis ist schwarz, schwarz-braun wie die fruchtbare Erde, Urbild der Schwarzen Madonna, die auch in der Christenheit unter allen Madonnen wohl am innigsten verehrt wird. Warum eigentlich? Vermutlich doch deshalb, weil sie nicht nur den Himmelsaspekt der Madonnen in ihren himmelblauen Gewändern spiegelt, sondern auch deren Erdaspekt, zu dem leibhaftes Gebären, körperliche Liebe und auch das Sterben des Leibes gehören. Isis hatte ihre schwarz-braune Farbe wohl auch als Symbol für die schwarz-braune Nilerde, von der Ägypten lebte und von der es gelegentlich auch ertränkt wurde, seinerzeit durch die jährliche Nilüberschwemmung, die zunächst das ganze bisherige Ackerland und mit ihm die Wege und Behausungen zerstörte. Und doch flehte man Isis um das Herbeiführen dieser Überschwemmung an, die Leben brachte, wenn auch durch einen Tod hindurch, führte sie doch die dunkle fruchtbare Erde mit sich, den Nilschlamm. Wie konkret und hintergründig zugleich sind all

Sabratha. Tempel der Isis vom Weg aus gesehen

diese Mythen um Isis! Immer hat sie auch mit dem Wasser zu tun, dem großen Lebenselement, dem Wandlungsstoff.

Im späten Alexandrien schon und gewiss hier in Sabratha war sie auch zur Schutzherrin, zur Patronin der Seeleute geworden, die sie hier als letztes sahen, wenn sie ausfuhren und die Küste hinter sich ließen, und die sie auch als erste erblickten, wenn sie, nach stürmischer, lebensgefährlicher Fahrt den rettenden Hafen von Sabratha anfuhren. Ich stieg hinauf zu der vorderen Säulengruppe, durch die sich der Tempel direkt zum Meer hin öffnet, und bog mich zwischen zwei Säulen, an denen ich mich festhalten konnte, weit hinaus, den anrollenden Wellen entgegen und auch dem Boas, dem Wind, dem Windgott, der ebenfalls in Tripolitanien verehrt wurde und der mich mit einer Brise des würzigen Meeresduftes begrüßte. Zuverlässig spürte ich demgegenüber die Erdkraft der Isis unter mir, auf dem festen Sockel des Tempels stehend, der dem Meer seit Jahrtausenden standhält. Die tellurische Natur der Isis erfuhr ich aber auch dort, wo sich das Tempelfundament an vielen Stellen zu geheimnisvollen unterirdischen Kammern auftut, die ich nicht – auch durch Lektüre nicht – erforschen konnte. Ich spürte die stärkende, haltende Kraft der Isis in meinem Rücken, als ich das Tempelfundament entlang schritt, das sich noch weit ins Land erstreckt, bis zu einer Gruppe von sechs Säulen hin, die mit der Säulengruppe am Wasser direkt korrespondieren. Hier strahlte die Kraft der Isis nach Süden hin aus, weit hinein in den fruchtbaren Küstenstrich mit seinen endlosen Olivenbäumen und -hainen. Als Vorder- und Rückseite des Tempels mögen sich diese Säulengruppen gegenüber gestanden haben. Weit hinauswirkend, hinausstrahlend auf die See empfand ich hier auch den Energiestrom der Isis, der die Seeleute in ihrem Schutz zu bergen versprach, sei es zum Überleben im Sturm oder sei es im Untergang. Ich strich über die im Meeresklima verwitterten alten Steine der Säulen, des Tempelbodens, der Umfassungsmauern, fast streichelte ich sie und nahm dabei die Beschaffenheit ihrer Oberflächen, ihre Rauheit oder Glätte genau wahr. Wie alt mochten sie sein? Ihre Kapitelle mit pflanzlichen Formen waren nicht mehr klassisch, wiesen auf eine Spätzeit hin, gemessen an der Ursprungszeit solcher Säulen. Beim Nachspüren und Nachschlagen kam ich dennoch auf eine weit zurückliegende Zeit, auf die Zeit des römischen Kaisers Augustus, die Zeitenwende also. Etwa zweitausend Jahre zurück reicht vermutlich das Alter dieser Säulen, bis in die Zeit hin, von der wir wissen, dass damals »ein Gebot von dem Kaiser Augustus ausging«, ein Volkszählungsgebot, das bewirkte, dass der Jesusknabe auf der

Sabratha. Zwischen Erde und Himmel – Korinthische Säulen zu Ehren der Isis?

Sabratha. Säulenhof um den Tempel

Wanderschaft seiner Eltern zu ihrem Ursprungsort unter ärmlichen Bedingungen geboren wurde. Bis dahin und noch etwa 500 Jahre länger wurden Isis und der Horusknabe hier verehrt.

Was ist es nun, das diesen Ort Sabratha, besonders aber dessen Isis-Tempel als beseelt erscheinen lässt? Was ist der Genius Loci dieser Stätte? Ganz gewiss spielt dabei seine Lage mit. Weich schmiegt sich das Meer ans Land, bildet zwei flache Buchten, an deren rechtem Ausläufer, der nordöstlichen Spitze, der Isis-Tempel steht. An der Vorwölbung zwischen den beiden Buchten finden sich die Seethermen, während zur linken Seite eine frühe Kirche samt dem Serapistempel den römischen Stadtkern abschloss und wohl in die noch älteren punischen Viertel und in die Hafenanlagen überging. Leicht steigt das Land an bis zum heutigen Eingang in die antike Stadt. Wenn ich von dort aus das stille Gelände betrete, auf dem das antike Stadtgelände sich erstreckt, so stehe ich oberhalb von ihr und blicke von einer leichten Anhöhe aus in die weite Anlage hinein, an der immer wieder Einzelsäulen und Säulengruppen aufragen, dazwischen Gesträuch und wildes, hohes Gras, das viel vom restlichen Mauerwerk dicht überwachsen hat. Vor mir liegt eine Weite, die in den offenen Horizont des Meeres übergeht.

Die drei Grazien an der Frontseite der Theaterbühne

Obgleich wir die moderne Straße mit ihrem lauten Fahrzeuglärm im Rücken haben, tauchen wir beim Weiterschreiten in die summende Stille um die Küstensträucher ein, in der nur die eigenen Schritte noch hörbar sind, die auf dem uralten Kopfsteinpflaster der Römerstraße widerhallen, dazwischen das Geflatter und Gezwitscher auffliegender Vögel, Geräusche, die immer stärker überlagert werden von dem gleichmäßigen Rauschen und gelegentlichen Aufspritzen des Meeres. Gerüche kommen hinzu von wilden Thymian- und Salbeikräutern, die wir pflücken und zerreiben, von herb duftenden Sträuchern, feuchter Küstenerde und schließlich, alles überschwebend, vom unverwechselbaren Geruch des Meeres. Es ist ohne Zweifel die Lage des Ortes, in sanfter Erstreckung zur Weite hin geöffnet, die auch die Seele des Besuchers aufschließt und sie in feine Schwingung und Aufnahmefähigkeit versetzt, sie zu einer Windharfe macht, die erklingt, wenn der Lufthauch sie berührt. Es ist die Symbolik der beiden Meeresbuchten, die im Unbewussten die Vorstellung auslösen mag, diese Stadt liege an den »Brüsten des Meeres«, der großen Muttergöttin, la Mère. Doch ihre Lage in der Natur ist nur eine Frequenz der vielfachen Schwingung, die diese Stätte in unserer Seele auslöst. Schon allein deshalb, weil sie unsere Psyche in Schwingung versetzt, würden wir den Ort als »beseelt« bezeichnen können. Was aber schwingt da noch alles mit, welches mögen

Springender Delphin zur linken Seite der Bühne

die Obertöne, die Untertöne sein, die angesichts solch einer Stätte mitklingen?

Da ist die Geschichte, die solch eine Stadt wie Sabratha erzählt, die wirkliche Geschichte von mehreren tausend Jahren, die Geschichte der Karthager, der Römer, der Alexandriner, der Byzantiner; der Handelsleute aus den Bergen, den Wüsten, die Überfälle und Übergaben, die diese Stadt erlebt hat. Es ist auch die Baugeschichte der Tempel, Paläste und Foren, die Geschichte der archäologischen Ausgrabungen, die solch einer Stadt die Seele gibt. Mehr noch als die Kapitole, Thermen und Theater mag es die Geschichte und Begegnung der Religionen sein, die einen hier auf Schritt und Tritt anweht und anrührt bei der Begehung der zahlreichen Heiligtümer, dem Tophet und den Stelen der Phönizier, an denen noch die Spuren ritueller Kinderopfer feststellbar sind, der Tempel der griechisch-römischen wie auch der alexandrinischen Periode mit ihren Göttern Serapis und Isis, den Stätten des jüdischen und christlichen Gottes schließlich, der in zwei schönen byzantinischen Kirchen seine Verehrung fand. Und schließlich gab es hier wie in jener kleinasiatischen Küstenstadt, in der Paulus predigte, auch einen Tempel für den »Unbekannten Gott«. Vieles hatten jene hellenistisch-synkretistischen Jahrhunderte um die Zeitenwende herum mit der unsrigen gemein, die Begegnung und auch Angleichung vieler Religionen der antiken Welt aneinander durch das breite Verknüpfungsnetz, das durch Schiffahrt, Reiseverkehr und Handel zustande kam, wobei damals auch die relativ tolerante Religionspolitik des Römischen Reiches, die sogenannte Pax Romana, eine fördernde Rolle spielte. Sie drängte der Provinz zwar den Kaiserkult, das Zeichen ihrer Loyalität zu Rom auf, dem die Juden wütend widerstanden, nicht aber die anderen Götter. Die Römer legten natürlich auch Tempel für ihre eigenen, neu eingeführten Götter an, als Vorgabe gleichsam, die nachgeahmt werden konnte. So wurden auch unter römischer Herrschaft viele der angestammten punischen Götter weiter verehrt: Tanit, die große Göttin Karthagos, Baal, Hammon und andere karthagische Gottheiten, die in dem neuen Umfeld auch neue Namen und Attribute annahmen. Hinzu kam um die Zeitenwende die subtile Spiritualität der Mysterienreligionen, die auch Ehrfurcht vor den bis dahin noch unbekannten Erscheinungen des Göttlichen einschlossen, wie sie in der Errichtung von Altären für den »Unbekannten Gott« ihren Ausdruck fand. All die Verehrung und Hingabe der Menschen an das Göttlich-Transzendente, das über sie hinaus weist, ist es, was den Stätten, in denen sie geschah, ihre Beseelung gab und gibt. Beim Isis-Tempel ist es besonders der tiefgründige Mythos um Isis und Osiris, ein Liebesmythos, der von Tod und Wiedergeburt erzählt, verbunden mit dem uralten Mythos von Isis als der Lebens- und Todesmutter. Das ist es, was den alten Steinen, den Fundamenten über den unterirdischen Kammern und Krypten, was den Säulengruppen eine Beseelung verleiht, die von Menschen wie uns, Frauen vor allem, als ein Angerührtsein bis hin zur Vibration empfunden werden kann. Sind es aber nun wirklich die alten Steine selbst, die eine solche Kraftausstrahlung vermitteln, als berühre uns Isis persönlich? Ich kann mir nur schwer vorstellen, dass der gleiche Ort auch denen etwas von Isis mitteilt, die noch nie etwas von ihr gehört haben. Es ist mir aber sehr wohl vorstellbar, dass er allen, die hier vorbeikommen, Wissenden wie Unwissenden, durch seine Lage, wo Land und Meer sich treffen, durch seine innere Ordnung, seine zart-feierliche Gestaltung etwas vermittelt, was unsere Alltagserfahrung überschreitet. Und wer weiß – zumindest dürfen wir dies offen lassen und offen halten –, ob nicht auch die Steine, die nach heutigem physikalischem Verständnis ja nicht einfach als tote Materie, sondern als schwingende Energie in einem bestimmten Aggregatzustand zu betrachten sind, etwas enthalten und mitteilen von der ehrfürchtigen Schwingung, in der sie gesetzt, in der sie zum Tempel für Isis gestaltet und in der dieser Tempel betreten wurde, um Isis anzurufen, zu ehren und ihr zu danken. Im Blick auf die Gestaltung des

Tempels gibt es noch etwas Besonderes, was uns das Gefühl einer Beseelung vermittelt: Es ist die Stimmigkeit einer guten Gestalt im Sinne der Gestaltpsychologie, was in der Seele des Betrachters Resonanz auslöst. Es ist die Proportion, die innere Ordnung der Einzelteile im Verhältnis zum Ganzen, was den Eindruck vermittelt, hier stimme alles, stimme miteinander überein.

Die Psyche des Betrachters kann mit einem solchen Bauwerk, das noch dazu mit den Gegebenheiten der Natur abgestimmt ist, in Gleichklang, in Einklang gelangen, so dass sich der Archetyp der Ganzheit, des Selbst zu konstellieren vermag, der die innere und äußere Ordnung eines größeren Ganzen ausdrückt und im Inneren stiftet. Der Raum ermöglicht dann dem Menschen, mit seiner eigenen inneren Ordnung, seiner Ganzheit in Beziehung zu treten, in Resonanz zu kommen. Der beseelte Raum wirkt auf die Seele zurück, die Seele wiederum kommt in Resonanz mit dem Raum. Resonanz ist es auch, was einen mehrtausendjährigen Mythos wie den von Isis in der Seele zu beleben vermag, so dass sie mitschwingt, wenn sie ihn hört und erst recht dann, wenn sie in einen Tempel gerät, der jener Isis und ihrem Mythos geweiht ist. Die Stimmigkeit der Tempelgestalt und die Resonanz, die der Isis-Mythos auslöst, klingen zusammen, wenn die Psyche die Beseelung eines Ortes wie die dieses Isis-Tempels verspürt. Nicht alle Tempelruinen Sabrathas lösen das Gleiche aus. Manche, vor allem die dem repräsentativen Kaiserkult gewidmet waren, haben mehr eine wuchtig-beeindruckende Wirkung, die ich noch nicht als beseelt bezeichnen und empfinden würde. Auch in ihren Proportionen drückt sich aus, dass es ihnen an Beseelung mangelt.

Spitze des Skellig Michael

5. *Skellig Michael – die heilige Felseninsel*

Im Grunde unbewohnbar, so steigt er aus meiner Erinnerung auf: Skellig Michael, ein schroffer Inselfels, der weit draußen, 13 Kilometer weit vor der Südwestküste von Irland, von Kerry, aufragt, etwa 230 Meter hoch. Ein Fels, der dennoch bewohnt wurde von den kühnsten Mönchen der frühen Christenheit, die – auf ihr blankes Gottvertrauen gestützt –, dort oben gelebt haben, über sich nur den Himmel, die Gestirne, deren Lauf sie zu ergründen suchten, und vor sich die Inseln der Seligen, die sie im äußersten Westen glaubten wie schon die alten Kelten, dort, wo der Horizont Himmel und Meer verschmilzt. Gehört und gelesen hatte ich von diesem verwegendsten aller irischen Klöster und es hatte mich schon seit Jahren gelockt, irgendwann dorthin hinauszufahren. Eines Tages war es so weit.

Ein Irlandurlaub zusammen mit einer befreundeten Familie führte uns in die Nähe der Küste von Kerry-Country, von der aus wir den Skellig Michael mächtig und unnahbar aufragen sahen, daneben nur noch die kleine, von niemandem je bewohnte Vogelinsel Little Skellig. Jetzt war die günstige Stunde, sich dieser fast unnahbar wirkenden Insel zu nahen. Schon die Überfahrt war anders als erwartet: Nur ein offenes Fischerboot stand von Port Margee aus für die Passage hinüber zu Skellig Michael zur Verfügung, auch von Knight's Town auf Valencia Island aus hätten wir starten können, doch so schien es uns einfacher. Es war an einem der halbrauhen Tage, die für Irland so typisch sind. Immer weht der Wind und deshalb reißt er die Wolkendecke auch immer wieder auf und lässt die Sonne durchbrechen, die graue See aufleuchten in grün-blauen Farbnuancen, über denen die aufschäumende weiße Gischt ihre Lichter setzt. Nach kurzer Zeit zieht sich das Gewölk wieder zusammen, ein Schauer geht nieder über die grau-blau und violett gewordene verschattete See. So ist das Wetter, als wir einsteigen, nur wenige Menschen mit uns, mit mir, meiner Freundin und deren beiden Kindern, Jugendlichen schon, der Tochter, dem Sohn. In Kürze sind wir in unserem kleinen offenen Boot vom Rhythmus einer starken und hohen Dünung eingeholt und umfangen.

Noch nie habe ich das Meer so sehr als bewegte, rollende Landschaft erlebt wie bei dieser Überfahrt. Waren wir im Wellental, so verschwand der Skellig Michael vor unseren Augen, während sich der Wellenberg, der die Höhe unseres Bootes mehrfach überstieg, neben uns oder auch vor uns aufwölbte wie ein riesiger Buckelwal, dabei nicht schroff, nicht sich überschlagend, sondern langgestreckt, aber nicht minder hoch. Und schon trug es uns wieder empor, und die beiden Skelliginseln tauchten in aller Klarheit wieder auf, näherrückend, während sich zur Linken und zur Rechten des Bootes die Wellentäler beeindruckend tief anfühlten und mächtige Mulden bildeten. Schräg schnitt unser Boot, durch Ruder und Hilfsmotor angetrieben, die Wellenberge an, jedes Mal schäumte, sprühte die Gischt in allen Regenbogenfarben auf und schwappte in unser Boot hinein, so dass wir uns die Kapuzen überzogen. Näher und näher rückte der Inselfelsen, und je näher wir kamen, desto plastischer erhob er sich aus dem Meer, imposant. Unzugänglich schien er. Ungeheuer steil ragen die Felswände aus der See, die, so lebhaft bewegt wie sie war, wohl gegen 20 Meter hoch an ihm emporschoss. Wie sollten wir überhaupt anlegen? Schließlich wurde doch ein Felseinschnitt sichtbar, »Blindmen's Cave«, – welch ein Name! – eine Anlegestelle. Wir sprangen vom lebhaft schwankenden Boot hinüber ans Land, nicht ohne dass die Bootsleute uns helfende Hände bieten mussten. An Land angekommen schwankte der Boden noch unter uns, doch alles war vergessen angesichts des spektakulären Anblicks, der sich uns bot: Da war eine Treppe, fast senkrecht in den Himmel steigend: 600 Stufen, so wussten wir, führten die schroffe Wand hinan. Wir begannen den Aufstieg. Ich gestehe, dass mir auf halbem Wege schwindlig wurde, war doch die Treppe dem Meer ausgesetzt, wo immer man hinunterblickte. Überall sah und hörte man die Brandung unter sich toben. Da half nur, vor sich hin in die Weite zu blicken, auf den Spiegel des Meeres, der jetzt silbermatt vor uns lag wie die sanft gekrümmte Linie des Horizonts. Vor allem das letzte und steilste Stück brauchte einigen Mut, frei steigt es auf, nach beiden Seiten ungesichert, nun wirklich einer Himmelsleiter gleich. Oben angelangt, ist ein letztes Hindernis zu überwinden, eine Maueröffnung zu durchsteigen, dann liegen sie vor einem, die sechs sagenumwobenen Zellen, wie runde Bienenkörbe gestaltet, mörtellos aus sorgfältig übereinandergeschichteten Steinen zusammengefügt. Nichts weniger als eine erste Erfindung der Kuppel verbirgt sich hinter diesen unscheinbaren Bauten mit ihrer Wölbung, die aus vorkragenden flachen Steinen gebildet ist! Dazu kommen die beiden Gebetshäuser, die auf schmalsten Felsenterrassen nicht nur Halt suchen, sondern auch Halt fin-

Kreuz in Menschengestalt auf der Plattform des Skellig Michael

den, seit vielen Jahrhunderten schon, wurden sie doch noch vor dem Jahre 700 errichtet, während andere Teile der Siedlung wohl aus dem 9. Jahrhundert stammen! Die Bienenkorbhütten sind also mehr als 1300 Jahre alt, und dies hier oben, wo ständig die Winde des offenen Atlantik herandrücken und das Meer während der Winterstürme, die wochenlang anhalten, bis zu 60 Meter hoch aufspritzen kann. Aufrecht stehen da auch einige der seltsamen menschenähnlichen Figuren, die es nur im frühen Irland gibt, flache Steintafeln in kreuzähnlicher Menschengestalt. Sollen sie aussagen, dass hier oben Menschen leben, die das Kreuz verehren, die gewissermaßen mit dem Kreuz eins sind? Kunstvoll und fast fugenlos sind die Steine aneinander gefügt zu den dicken winddichten, nach innen zulaufenden Mauern der Bienenkorbhütten. Es sind zusammengelesene Bruchsteine, die zu runden Kuppeln gefügt sind, unter denen die Mönche wie in Stein-Iglus wohnten. Was für eine spirituelle Sehnsucht und Kraft muss diese Menschen beflügelt haben, die solche Steine hier zusammentrugen, sie mit unendlicher Geduld zusammenfügten – und dies auf einer Insel, auf der damals noch nichts vorhanden war, was zum Leben diente, nichts wachsen konnte, ehe die kargen Gärten da oben angelegt wurden. Auch eine Zisterne gab es, die das Regenwasser auffing, denn über eine Quelle verfügt die Insel nicht. Doch um den Kontakt zum Boden, zum Landeplatz der Boote nicht zu verlieren, schlugen die gleichen Mönche 600 Stufen in den Stein, von der Landungsbucht bis an diesen obersten, dem Himmel nächsten Punkt der Insel, auf dem sie die Siedlung anlegten. Ein avantgardistisches, ein »Extremistenmönchtum«[25] muss das gewesen sein, was die frühen Christen Irlands auf diese Insel trieb, allein zu sein mit ihrem Gott, mit dem Himmel, mit dem Meer. Das war die Devise, noch nahe der Naturverehrung ihrer keltisch-druidischen Vorfahren. Bernhard Shaw, der irische Literatur-Nobelpreisträger, schrieb über sein Erlebnis auf Skellig Michael:

»Magie reißt dich weit weit aus Zeit und Welt auf Skellig Michael, dieser Insel, die 200 Meter senkrecht aus dem Atlantik aufschießt. Wer nicht auf dem Friedhof dort oben auf der allerhöchsten Kuppe gestanden hat, inmitten der Steinzellen der Klostersiedlung, kennt Irland nicht in all seiner Tiefe.«[26]

Manchmal kommt man ins Gespräch mit einem der modernen Einsiedler, die heute vielleicht einen Sommer lang auf Skellig Michael leben – manchmal sogar mit dem Auftrag der irischen Behörden, die Besucher über den eigentlichen Geist und Zweck des Inselklosters zu informieren – von denen einer von der »ungeheuren spirituellen Kraft« sprach, von der

»die frühen Mönche beseelt sein mussten, die hier gelebt haben, stark genug, um in den feucht-dunklen Klausen nicht an der Barmherzigkeit dieses neuen Gottes zu zweifeln – auch dann nicht, wenn die Wellen noch in 60 Meter Höhe mit vernichtender Wut gegen die Felsen klatschten während der wochenlang anhaltenden Winterstürme.«

Auch astronomische Beobachtungen und Berechnungen sollen die Mönche hier oben angestellt haben, in den Fußstapfen ihrer Vorfahren, die zum Beispiel in New Grange im Osten der Insel einen Lichtstrahl genau zu den Sonnwendzeiten des Jahres an eine bestimmte Stelle des Grabtempels lenkten. »Hier draußen auf diesen Klippen konnte man jede Göttin, jeden Gott, den puren Himmel, das Nichts oder alle atavistischen Meeresdämonen anbeten.«[27] Vor allem aber lebten diese Mönche auf den Spuren der frühen Christen des 3. Jahrhunderts, die im fernen Orient damit begonnen hatten, sich in die Einsamkeit zurückzuziehen, wo sie, am weitesten entfernt von menschlichen Siedlungen, größtmögliche Nähe zu Gott suchten. Einsiedlergemeinschaften hatten sich vom Roten Meer und von Ägypten aus bis nach Libyen hin zusammengefunden. Die Kunde von ihnen kam durch die ersten Missionare über Gallien nach Irland, wo neben dem berühmten St. Patrick wohl eine ganze Gruppe von Missionaren tätig war und die irischen Inselbewohner von dem neuen Glauben zu begeistern vermochte. Es muss hier in Irland wirklich eine Faszination von dem neuen lichten Gott Christus gegeben haben, neben dem offenbar der Blut- und Schädelkult der Vorzeit, aber selbst die Weisheit der Druiden verblassten. Dass hier das Christentum nicht durch einen Bruch mit den altehrwürdigen Bräuchen, nicht durch Fällen der heiligen Bäume wie in Sachsen, nicht durch Feuer und Schwert verbreitet wurde, lässt sich an den bis heute unversehrten heiligen Quellen oder auch den heiligen Steinen ersehen, die gleichsam getauft, aber weiter verehrt wurden, indem man den Steinen beispielsweise ein schlichtes Kreuz einritzte.

So blieb der keltischen Seele der Bruch erspart, der vor allem in den norddeutschen Ländern und in Skandinavien der germanischen Seele zugefügt wurde und der bis heute deutlich zu spüren ist, der Bruch zwischen dem alten Naturglauben und dem neuen Christentum. In Irland dagegen ließen sich selbst junge Barden und keltische Druiden für den neuen Glauben gewinnen und brachten ihre Gebräuche, auch ihr Wissen in ihn ein. Einem Bußbuch aus dem frühen 6. Jahrhundert zufolge war es offenbar nötig, dass Ordensmeister Vinnian den Mönchen ausdrücklich verbot, magische Handlungen auszuführen und Zaubertränke zu mischen, was beides für die Druiden selbstverständlich gewesen war. In der irischen Seele scheinen bis heute Naturverehrung und christlicher Schöpfungsglaube zusammenzuklingen und nicht in der Weise auseinanderzuklaffen, wie dies als Folge der kriegerischen Mission im sächsischen und skandinavischen Bereich bis heute zu beklagen ist. Letztlich steht dieser Bruch hinter der Naturentfremdung und Naturverachtung, die das – ehemals christliche – Europa kennzeichneten und die auch dann, als der christliche Glaube schon seine Kraft zu verlieren begann, als Spätfolge bis in unsere Zeit hinein spürbar blieben. Die Tatsache andererseits, dass sich in Irland zu Beginn auch keltische Barden und Druiden dem neuen Glauben anschlossen und ihn mitprägten, führte zu einer freien irischen Tradition auch in der dortigen Kirche, die als »Keltische Kirche« in die Kirchengeschichte einging. Die frühen irischen Äbte beziehungsweise Meister ihrer Mönchsgemeinschaften richteten sich nicht an der zentralistischen Strenge der römischen Mutterkirche aus, sondern, wie überliefert wird, lebten sie »in ihren abgeschiedenen Klöstern am westlichsten Ende der Welt wie keltische Häuptlinge mit ihren freien, unabhängigen Mönchsclans«[28].

Auch die noch intakte Clanstruktur wirkte dabei mit, dass in Irland die Übernahme des christlichen Glaubens so erfolgte, dass ein Adliger oder gar ein König zum Christentum übertrat, dem dann der ganze Stamm in traditioneller Gefolgschaftstreue nahezu widerspruchslos folgte. So gab es kaum einen Widerstand gegen die christliche Mission. Die Kühnheit und Radikalität, mit der die frühen Mönche ihrem neuen Herrn, Christus, folgten, wirkte offenbar auf die Kelten faszinierend. Manche von ihnen trieben die Treue zu ihrem neuen Herrn, die keine weiteren Sicherheiten brauchte, in der Weise auf die Spitze, dass sie selbst den Schutz der besiedelten Gebiete und auch der menschlichen Gemeinschaft preisgaben, um sich in eine ewige freie Wanderschaft, in eine lebenslange »Peregrinatio pro Christo« zu begeben. Eines der größten Vorbilder dafür war Columban, der im Jahr 587 Irland verließ, um als Missionar 20 Jahre lang in Gallien zu leben, bis er es schließlich unter Lebensgefahr verlassen musste. Er war Begründer des Ortes und auch des Klosters St. Gallen und des oberitalienischen Bobbio, beides Orte, die später Zentren christlicher Gelehrsamheit und geistiger Ausstrahlung wurden. So beeinflussten frühe irische Christen, Mönche und Sendboten die Entwicklung Europas gerade in der Zeit des Vakuums, das nach dem Zusammenbruch des Römischen Reiches entstanden war. So lange dies alles zurückliegt, kommt es einem doch auch in den Sinn, wenn man wie ich auf dem Skellig Michael einen der ausgesetztesten, kühnsten Orte des frühen Christentums besucht. Eine »hinrei-

Mönchsklause in Bienenkorbgestalt an der Bergflanke des Skellig Michael

ßende Verrücktheit«, so scheint es, verrückt, aber faszinierend war es, was diese Mönche beseelt haben mochte, es war »Top Experience«, mitreißend, und enthielt womöglich etwas von dem Lebensgefühl, das heutige junge Menschen durch Extremsportarten und andere Extremerfahrungen suchen. Die beiden Jugendlichen, die mit uns auf dem Skellig Michael unterwegs waren, kamen tief begeistert von dort zurück. Doch kommt hier noch eine besondere Qualität der Begeisterung hinzu. Auf Skellig Michael bekommt man eine Ahnung von dem, was Transzendenz heißen kann, die sich auch an heutige Besucher vermittelt, wie es in einem Irlandführer beschrieben wird:

»Die Magie eines Ortes wie Skellig Michael, Reisender, Reisende, ist immer präsent, spürbar und eindeutig und über jeden Tourismus erhaben!«[29]

Das spürten auch unsere beiden Jugendlichen, indem sie es »shocking« fanden, dass einige Touristen dort oben neben den Gebetsstätten und den Gräbern ihr Picknick auspackten, mit baumelnden Beinen am Rand des Abgrundes zum Meer hinab saßen, so unbedarft wie schwindelfrei, als säßen sie auf irgendeiner Kaimauer.

Beim Abstieg über die 600 Stufen spürten wir noch einmal das »Himmelsleitergefühl«, das zum Abheben hätte verführen können. Doch bedurfte es gerade hier besonderer Achtsamkeit, um keinen Tritt zu verfehlen, und schließlich hatte das Meer uns wieder. Zurück ging's in das schaukelnde Fischerboot, auf die wogende Brandung. Wie mochten die Mönche damals übergefahren sein? Was wohl zu ihren Transporten gehört haben mochte, ob auch ein paar Schafe, Ziegen dabei gewesen waren, so dass sie Milch oder manchmal auch Fleisch gehabt hätten? Wie aber hätten sich die Tiere auf den kargen Felsterrassen, die jene Mönche angelegt hatten, überhaupt ernähren können? Die Annalen berichten, dass eine leichte Klimaverschiebung, eine Klimaverschlechterung im frühen 13. Jahrhundert der Anlass dafür gewesen sei, dass selbst die tapfersten Mönche sich auf dem Skellig Michael nicht mehr länger halten konnten. Sie zogen in ein neues Kloster, Ballin Skellig, auf dem nahen Festland um. Wenn sie also vor 700 dort zu siedeln begonnen hatten, dann hätten sie sich immerhin mehr als 500 Jahre dort oben gehalten, am Rand des Himmels. Dann ist anzunehmen, dass es während vieler Generationen immer wieder neue begeistert-extreme Gottsucher gegeben hat, die »Top Experience«, die Spitzenerfahrung auf diesem Felseneiland suchten.

Während das offene Boot sich wieder unter den langen Atem des Meeres begibt, hänge ich meinen eigenen Gedanken, meiner eigenen Sehnsucht nach Spiritualität nach und spüre dabei das ruhige Wogen der Dünung, die unser Boot trägt, die es hebt und senkt, die den immer kleiner werdenden Skellig Michael, immer mehr im Dunst verschwindend, doch immer noch einmal erscheinen lässt, samt der winzigen Vogelinsel Little Skellig, die nun über und über von nistenden Meeresvögeln bedeckt ist, von denen hier und da Schwärme auffliegen wie Wolken von Luftgeistern. Mit 20 000 Brutpaaren bietet Little Skellig die zweitgrößte Basstölpelkolonie Europas.

Beseeltes Land, beseeltes Meer. Es ist Jahrzehnte her, dass ich vom Skellig Michael zurückkommend in diesen Abend hineinfuhr. Doch ist es mir gegenwärtig geblieben. Die Erinnerung an diesen Felsen im Meer lässt meine Seele bis heute leise beben, ein wenig schaudernd und doch berührt: »Kein süßlich verkitschtes Christentum, sondern ein Glaube, erschütternd wie eine Urgewalt muss hier geherrscht haben.«[30] Zugleich ist diese Insel dem Heiligen Michael geweiht, wie eigentlich alle Bastionen im äußersten Westen es sind, der als Region des Sonnenuntergangs und der aufsteigenden Dunkelheit eine Kraft braucht und sucht, die dieser Dunkelheit gewachsen ist und sie zu besiegen vermag. In ganz Europa ist die Westseite zudem die Seite des Regens und der aufziehenden Wetterfronten, die Seite der Unwetter. Es gehört zur Domäne des Erzengels Michael, des Lichtbringers, des Drachentöters, dass er mit blankem Schwert die Mächte der Finsternis zu überwinden weiß und damit auch den Urweltdrachen und das Meer mit seinen verschlingenden Aspekten. Ihm gesellten sich die Mönche auf Skellig Michael zu, befahlen sich unter seinen Schutz und hielten sich zur Verfügung, seinen Kampf mit zu kämpfen und dem Licht treu zu bleiben angesichts der immer wieder aufziehenden Dunkelheit.

Ich frage mich noch einmal: Was macht die Beseelung dieses besonderen Ortes aus? Wie bei dem Mythologem von der »schwer erreichbaren Kostbarkeit«, das wir aus Märchen und Sagen kennen, ist es die relativ schwer erreichbare, die abweisende Lage dieses Gipfelklosters auf dem Skellig Michael, die gerade mit zu seinem Zauber und seiner Beseelung beiträgt. Jedenfalls hatte ich mich damals schon geraume Zeit lang, von Büchern über Irland[31] angeregt, in das hineinphantasiert, was es heißen mochte, den Skellig Michael per Boot zu erreichen, ihn zu besteigen, ihn zu erleben. Auch mein Schwindelgefühl auf der Mitte der 600 Stufen trug zu dem Erlebnis bei, eine »schwer erreichbare Kostbarkeit« aufzusuchen. Sensationell und alle Sinne berührend ist zudem die Lage dieser Felseninsel vor der Küste von Port Margee, zwei Bootsstunden weit draußen vor der Küste und damit frei von weiteren vorgelagerten Inseln. Die Dünung des offenen Atlantik, die langgezogenen hohen Wogen, die er auch bei relativ ruhiger See hat, umfangen den Anreisenden schon bei der Überfahrt im offenen Boot und umbranden vor allem den Skellig selber mit ungebremster Wucht. Aus dem Meer erhebt sich diese Insel – symbolisch: aus dem mütterlichen Urmeer –, dem auch die Megalithkultur und das Keltentum noch verhaftet geblieben waren. Eine Insel ist es, so schwer zugänglich wie die in einem Mittelmeermärchen genannte Felseninsel am Ende der Welt[32], auf der eine Hexe das Lebenswasser bewacht und hütet. Dort braucht es einen äußersten Einsatz, den Mut einer Frau, die sich in Männerkleider wirft, um der Hexe unerkannt, doch im Wissen und der Weisheit einer Frau gegenübertreten zu können. Nur so bricht sie den Bann und kann das Lebenswasser den Menschen wieder zugänglich machen. Etwas von der Atmosphäre jener Felseninsel am Ende der Welt, die das Lebenswasser trägt, eignet auch dem Skellig Michael.

Es braucht eine klare Motivation, ihn aufzusuchen in seiner abweisenden Einsamkeit und Schroffheit, einigen Mut, ihn zu ersteigen, vor allem aber die Offenheit, sich ergreifen zu lassen von der Kühnheit und spirituellen Leidenschaft jener Menschen, die 1200 Jahre lang in dieser Ausgesetztheit lebten, die der Transzendenz keine Trenn- und Schutzwälle entgegensetzten, sondern ihr ungeschützt zu begegnen suchten, wenn sie erfahrbar werden würde, herabströmend vielleicht vom Himmel, heraufbrandend vielleicht auch vom Meer, oder fast unbemerkt sich ankündigend wie seinerzeit bei Elia in einem leisen Wehen der Luft, das ihn so stark bewegte, dass er vor die Felsenhöhle trat. Es ist der Respekt vor diesen Menschen, die Einfühlung in ihre Kühnheit und in ihre Leidenschaft, was diesen Ort für uns Heutige, für mich, so erregend macht, eine Vibration erzeugt, die die eigenen Sensoren für Spiritualität in Schwingung setzt. Welches Risiko einzugehen bin ich selber bereit, um Transzendenz zu erfahren? Diese Frage stellt sich hier in ungeahnter Konsequenz.

Als ich Irland zum ersten Mal besuchte, es war noch während meiner Studienzeit, als mich die Geschichte des Christentums, gerade auch die Geschichte der christlichen Mystik stark zu bewegen begann, da spürte ich zum ersten Mal, nicht nur verstandesmäßig, sondern auch emotional, was das frühe irische Christentum für Mitteleuropa, für unsere Glaubensgeschichte bedeutete und bis jetzt bedeutet, dass da Wurzeln liegen, hin zu Korbinian, Kilian und wie sie alle hießen, die uns in Deutschland das Christentum brachten, letzterer in meine engere Heimat, nach Franken. In den Gebieten friedlicher irischer Mission – Süddeutschland, Schweiz etc. – scheint mir der Bruch mit der vorchristlichen Naturverehrung nicht so eklatant wie im Norden erfolgt und dementsprechend der Riss in der religiösen Seele nicht ganz so tief und krass zu sein. Zu Füßen einer St. Kilianskirche, in ihrer nächsten Nachbarschaft bin ich aufgewachsen, sie läutete, sie »schien« in meine Kindheit. Hierher, in die St. Kilianskirche in ihrer alten Gestalt, die sie vor dem Kriege hatte, ging ich als Kind gelegentlich an der Hand meiner katholischen Großmutter, die mir viel bedeutete und mir viel zeigte. In der St. Kilianskirche in ihrer modernen Gestalt, die sie nach dem Kriege gewann, samt dem weiten schönen Pfingstfenster im Altarraum, das Professor Schedel gestaltete, hatte ich erste Erfahrungen mit spirituellen Räumen und dem Fluidum, das sie erfüllt. Um Jahrzehnte später erst erlebte ich den Skellig Michael, inzwischen tiefer eingedrungen in die Symbolik, so dass die Symbolik von Meer, Berg und Insel mich unmittelbar zu berühren vermochte. Auch hatte ich dem nachgespürt, was die spezielle Eigenart des frühen irischen Christentums war und worauf seine kompensatorische heilende Wirkung auf uns Mitteleuropäer beruht, die entweder vom römischen Katholizismus oder auch vom Protestantismus geprägt und möglicherweise verprägt sind. Die Wirkung beruht auf der Rückverbindung des irischen Christentums mit der alten keltisch-druidischen Naturverehrung, die gerade uns Protestanten zunächst als besonders fremd erscheint. Wie schon

Hochkreuz von Clonmachnois

gesagt, die heiligen Steine, die Quellen, die heiligen Orte wurden dort zwar getauft, oft durch die Einritzung eines Kreuzzeichens dem neuen Glauben geweiht, aber sie wurden weiter verehrt, so dass in der Seele der Gläubigen nicht jener schmerzhafte Riss entstand, der dort überall zu finden ist, unvernarbt, wo heilige Bäume gefällt und heilige Quellen zu Hexen- oder Teufelsbrunnen erklärt wurden. Das Kreuz wurde in Irland insofern mit der altehrwürdigen Steinverehrung zusammengebracht, als dort die christlichen Hochkreuze als monumentale Steinskulpturen entstanden, die symbolisch wiederum keltische Form und Vorstellungstraditionen organisch mit dem christlichen Glaubenszeichen verbanden. Eine der genialsten Innovationen stellt aus meiner Sicht die symbolisch-gestalterische Verbindung des widerständigen Kreuzzeichens mit dem Kreiszeichen dar, die jedes irische Hochkreuz charakterisiert, eine Verknüpfung des Leidenszeichens – das allerdings auf ein altes kosmisches Koordinationssymbol zurückgeht – mit dem Ganzheitszeichen des Kreises. Es geht diesem Christentum nicht primär um Passion, sondern um Erfüllung. Lebenserfüllung ist das Ziel auch der asketischen Passion der Christen, die den Skellig Michael aufsuchten, Lebenserfüllung durch erfüllte Passion, durch erfüllte Lebensleidenschaft hindurch. Ist das Kreuz ein spannungsreiches Symbol, das die widerständigen irdischen Koordinaten enthält, so ist der Kreis ein kosmisch umfassendes, umspannendes, damit zugleich auch entspannendes Symbol, ein Symbol zugleich, mit dem sich auch die weibliche Komponente des Göttlichen symbolisieren lässt, ohne es auf weibliche Symbolik zu reduzieren, denn der Kreis meint das Ganze. Etwas anderes noch löst das Erlebnis des Klosters auf dem Skellig Michael aus: die Ahnung einer Identitätserfahrung, die sich gerade bei äußerster Vereinfachung der Mittel, der Lebensweise, des Lebensstils, bei äußerster Ausgesetztheit zugleich einstellen mag. Armut war ein hohes Ideal der frühen Christenheit. Hier mag die Top Experience auf spirituelle Art gemacht worden sein, die viele Menschen unserer Zeit, gerade junge Menschen, oft vergeblich suchen. Hier mag sie erneut zu machen sein, wenn wir den Skellig Michael nicht nur als sensationelles Naturereignis und touristisches Spotlight betrachten – auch wenn selbst diese Betrachtungsweise schon etwas auslösen kann –, sondern im Zusammenhang mit seiner Glaubensgeschichte, die sich mit der unseren berühren mag. Einen besonderen Ausdruck gewinnt dies alles noch durch die außerordentliche Sorgfalt, in der hier in der Wildnis die Steine gesammelt und ineinandergefügt wurden, in der die Gebetsstätten gestaltet und in der – last but not least – die 600 Stufen ausgemeißelt wurden. Achtsamkeit in allen Alltagsvorrichtungen – die

Tugend der Mönche offenbar vom äußersten Westen der Christenheit bis hin zum fernen Osten des Buddhismus, hier ist sie mit Händen zu greifen und nachzutasten. Ein eigentümliches Licht fällt auf den Skellig Michael auch dadurch, dass hier die Tradition um den heiligen Michael lebendig ist, also die Erfahrung starker Engelmächte, von denen wir in den letzten Jahrzehnten wieder etwas zu ahnen beginnen.

Wohnturm von Burg Sponheim

6. *Burg Sponheim – Ort der Sehnsucht*

Ein schmaler werdendes Tal geht es entlang, in dem die Weinberge auf der einen und die Wälder auf der anderen Seite immer enger zusammenrücken. Dazwischen fließt ein kleiner Fluss. Tief gräbt er sich ein, die Ufer werden steiler, so dass sich die Ortschaft am Ende des Tals hoch oben über dem Fluss angesiedelt hat. Meine ortskundige Begleiterin und ich werfen einen überraschten Blick auf das nun relativ tief eingeschnitten wirkende Tal, während wir in meinem Wagen die Ortschaft durchfahren. Am Ende des Dorfes ragt er auf, der mächtige Wohnturm der Familie von Sponheim, Teil ihrer ehemaligen Burg. Aus großen, schön behauenen Sandsteinquadern ist er gefügt, plastisch und wetterfest sieht er aus. Immer lebendiger tanzen die Spätnachmittagsschatten über die unebenen Steinstrukturen hin, je näher wir herankommen.

Auch vom hoch gelegenen Dorf aus muss man noch ein Stück steigen, bis man den Turm erreicht, auf einem gebogenen Weg, dessen Ränder von wilden Blumen und Kräutern bewachsen sind. Dann stehen wir zu Füßen dieses Turmes, der jetzt verschlossen ist, dessen Fenster unterhalb der oberen Zinne aber vermuten lassen, wo der Wohnteil in diesem kaum einnehmbaren Bauwerk gelegen war. Sehr hoch oben war das auf alle Fälle.

Ich ermesse die Höhe des Turmes mit den Augen. Sehr weit abgehoben war man dort von den Menschen, von feindlich gesinnten, aber auch von Freunden. Nahe war man den Wolken, den Vögeln, den Schwalben und den Mauerseglern, die auch heute diesen Turm umkreisen. Nahe war man dem Himmel im Sinne von Sky, dem physischen, und ebenso im Sinne von Haeven, dem spirituellen.

Der Blick schweifte nach Osten – das können wir von der unteren Mauerbrüstung aus gut mitvollziehen – in eine große Weite, über das Tal und die nächsten Hügelketten hin in eine dunstige Ferne, wo weitere Höhenzüge sich andeuten und im Dunst auch der große Strom zu vermuten ist, der dieses heimelige, wein- und obstreiche Hügelland, den Nahegau, mit der Welt verbindet: der Rhein, der große Handelsweg, auf dem zu jener

Zeit nicht nur die materiellen, sondern auch die geistigen Güter der Christenheit transportiert wurden, natürlich auch das materielle und geistige Raubgut der Kreuzzugszeit, das neben den Gewürzen und Stoffen auch die geistigen Errungenschaften der islamischen Welt umfasste, Medizin, Astronomie, Mathematik und, nicht weniger, Philosophie und Mystik.

Hier also verbrachte Hildegard von Bingen (1098–1179) ihre Mädchenjahre[33], vom achten Lebensjahr an bis zu ihrem vierzehnten, bis zu dem großen Einschnitt, als sie mit Jutta von Sponheim zusammen in die Klause auf dem Disibodenberg zog. Hier mochte sie oft und oft in die Ferne gesehen, in die Weite geträumt, sich gesehnt haben, zusammen mit Jutta, der nur um sechs Jahre älteren Gefährtin dieser Jahre und wohl auch Freundin.

Bei diesem Blick in die Ferne mag in den beiden Mädchen der Plan herangereift sein, auch einmal weit hinauszufahren, hinauszupilgern, möglichst bis ins Heilige Land, wohin seinerzeit die europäische Ritterschaft, die Söhne der adligen Familien aufbrachen, um in missverstandenem Missionswillen ihr Leben einzusetzen, damit die heiligsten Stätten der Christenheit von der Herrschaft der Ungläubigen befreit würden. Den Töchtern sollte dieses Wagnis vorenthalten sein? Dabei waren Jutta von Sponheim und die junge Hildegard von Bingen – die wohl ursprünglich »Hildegard von Bermersheim« hieß – so beherzt wie nur irgendein junger Adeliger ihrer Zeit, dazu von der gleichen leidenschaftlichen Begeisterungsfähigkeit für die Sache der Christenheit. Trotzdem und vielleicht gerade deshalb stießen die Pläne der jungen Mädchen, eine Pilgerreise zu unternehmen, auf erschrockene Ablehnung seitens ihrer Familien.

Wie war Hildegard von Bingen eigentlich nach Sponheim gekommen? War sie doch bis zu ihrem achten Lebensjahr – wenigstens bis zu diesem Alter! – bei ihren Eltern auf Gut Bermersheim bei Alzey aufgewachsen, nicht weit von hier, in der gleichen offenen Landschaft zwischen Weinbergen, Feldern und Obsthainen, zwischen Kühen und Pferden, doch waren da auch ihre zahlreichen Brüder und Schwestern gewesen, unter denen sie die Jüngste war, etwas abgesondert deshalb, wohl häufig in einsames und phantasiereiches Spiel vertieft. Schon immer hatte ihr Leben unter einem besonderen Stern gestanden, war sie doch nach einem früh verstorbenen Geschwisterkind geboren, als zehntes Kind ihrer Eltern. So hatten die Eltern früh daran gedacht, dies letzte Kind gleichsam als ihren Zehnten dankbar und ehrfürchtig Gott zu weihen.

Hinzu war ihre merkwürdige audiovisuelle Begabung gekommen, mit der sie vieles, was sie bewegte, auch mit offenen Augen in Gestalt von bildhaften Imaginationen vor sich sah, dazu eine fast hellseherische Intuition, mit der sie zum Beispiel gelegentlich vorauswusste, dass eine trächtige Kuh ein weißes Kälbchen in sich trage. Was sich dann auch erfüllte.

Dieses ahnungsreiche Kind mit seiner lebhaften Phantasie wurde also von seinem achten Lebensjahr an von seinen Eltern aus dem Leben auf einem Landgut heraus einer spirituellen Erziehung zugeführt, indem sie es einer tiefreligiösen verwitweten Verwandten der Sponheims anvertrauten, die auf Burg Sponheim, deren Familiensitz, lebte. Hildegard war also in so etwas wie ein privates Internat gekommen. Mit ihr wuchsen in dieser spirituellen Atmosphäre offenbar eine gleichaltrige Jutta und vor allem die um sechs Jahre ältere Jutta von Sponheim auf, die derzeit selbst keine Eltern mehr hatte. Sie waren früh verstorben.

Die Mädchen hatten sich offenbar angefreundet und lernten nun miteinander lesen und schreiben, bekamen den Schlüssel zur geistigen Welt in die Hand, was damals nur wenigen Mädchen vergönnt war, und sie vertieften sich begeistert und altersgemäß wohl auch ein wenig schwärmerisch in die spirituelle Literatur jener Zeit. Dazu mögen sie auf vielerlei Weise in die Musik eingeführt worden sein. Sie werden nicht all ihre Zeit auf der hohen Warte jenes Turmes zugebracht haben. Gewiss haben sie die Wälder rund um die Burg durchstreift, haben Beeren, Pilze und Kräuter gefunden, sie kennen gelernt und sich über deren Verwendung kundig gemacht. Auch an Burg Sponheim war eine Landwirtschaft angeschlossen. Die drei jungen Frauen konnten reiten wie alle adligen Mädchen jener Zeit, sie werden die Gegend erkundet haben, wohl manchmal bis zum Disibodenberg hin, wo die neue Klosteranlage der Benediktiner entstand, die sie anzog. Vielleicht sind sie einmal bis hin zum Rhein ausgeschweift, bis zu dem damals noch dicht bewaldeten Rupertsberg, auf dem Hildegard später ihr erstes eigenes Kloster errichten sollte. Auf beiden Bergen hatten vor Zeiten heilige Einsiedler und erste Missionare gelebt, Disibod und Rupert. Deren Lebenslegenden mögen die Mädchen schon damals fasziniert haben, wie auch die Legende von der heiligen Ursula, die lieber den Märtyrertod erlitt als einen ungeliebten und noch dazu ungetauften Mann zu heiraten, den man ihr aufdrängen wollte. Allen dreien, Disibod, Rupert und Ursula, hat Hildegard später Hymnen gewidmet, die sie für sie gedichtet und vertont hat.

Doch hat diese Turmgeschichte auch etwas vom Rapunzelmärchen[34] an sich, in dem eine junge Frau – wohlversorgt, aber auch bewacht von einer strengen alten Gothel – heranwächst zu einer wunderbaren Beseeltheit, in der sie auch ihre schöne Stimme erprobt, eine Meisterin der Gesangskunst

Die Türe zum Turm Sponheim

– wo sie aber nicht mit irdischen Beziehungspartnern, mit Männern, in Kontakt treten kann und darf.

So bildet sich statt dessen in dem vierzehnjährigen Mädchen Hildegard wie in der jungen Frau Jutta eine innerseelische Liebesbeziehung zum faszinierenden Animus, dem himmlischen Bräutigam, dem »höchsten König«, wie Hildegard ihn nennt. Und die drei Mädchen entwickeln auf Burg Sponheim ihren höchsten Wunsch, Klausnerinnen zu werden, was damals ganz modern war, um uneingeschränkt der Liebe zu ihrem göttlichen Geliebten leben zu können: Soli Deo Gloria.

Den Eltern ist dies, wenn sie auch über die Radikalität dieser jungen Frauen erschrocken sein mögen, dem Zeitgeist entsprechend nicht fremd

Die mächtigen Quader

und allemal noch lieber, als die Töchter in ferne und kriegsbedrohte Länder pilgern zu lassen. So erlauben sie den Töchtern schließlich die »innere Pilgerschaft« und tragen wohl mit dem Familienvermögen noch dazu bei, eine Frauenklause im Umfeld der neu entstehenden Benediktinerabtei auf dem Disibodenberg zu errichten. Auch solche angeschlossenen Frauenklausen waren zu dieser Zeit, in der es noch wenige eigene Frauenklöster gab, nicht selten.

Burg Sponheim also eine beseelte Stätte für alle, die als junge Menschen, die sie jetzt noch sind oder innerlich geblieben sind, die Sehnsucht kennen: von hoher Warte aus das Leben zu überschauen, einer spirituellen Sehnsucht zu folgen, die weit hinausführt, unabhängig davon, was die Familie und die Öffentlichkeit darüber denken. Hier ist der beseelte Ort für innere Pilger, innere Klausner, für alle, die ein Leben ohne Kompromisse führen wollen.

Gewarnt seien sie einzig vor der »Erzzauberin« die wir aus dem Grimmschen Märchen Jorinde und Joringel[35] oder auch aus Rapunzel kennen, die dort auch in Wirklichkeit bis heute spuken könnte, als Geist eines unbewussten Mutterkomplexes, der einerseits Leben erschließt – die Sehnsuchtswelt einer Nachtigall wie bei Jorinde und Joringel oder den wunderbaren, einsamen Gesang Rapunzels –, aber andererseits Leben auch blockiert, indem er echte Bezogenheit auf Mensch und Welt verhindert. Jutta von Sponheim starb früh, wohl in der Folge einer übertriebenen, leib-seelischen Askese. Beseelt und romantisch bleibt die hohe Warte der Sponheim'schen Burg allemal, auch auf die Gefahr hin, zu solchen »hinreißenden Verrücktheiten« zu inspirieren – so nannte ich es beim ersten Vernehmen dieser Geschichte –, wie diese drei hochgemuten Mädchen zeigen.

Rückblickend frage ich mich noch einmal: Was ist das Beseelte an dem Wohnturm auf Schloss Sponheim? Wieder, wie sollte es anders sein, ist es die Lage hoch über dem Dörfchen Sponheim, zu dem man selbst aus dem engen Flusstal noch so steil hinauffahren muss, dass es mein Leihwagen seinerzeit nicht packte, sondern auf halber Strecke stehen blieb. Da musste ich rückwärts die Steigung wieder hinabfahren, um einen neuen Anlauf zu nehmen.

Das Dorf klebt an dem steil abfallenden Hang zum Flüsschen hinunter wie eine Ansammlung von Schwalbennestern an der Mauer. Dann geht es am Ortsausgang hinter einem Bauernhof noch einmal höher hinauf – und diesmal auf einem Fußpfad, der den Berg umrundet, von rechts oder von links besteigbar, durch eine Gras-, Blumen-, Beeren- und Kräuterwildnis. Wie eingewachsen in wilde Vegetation wirken die Reste von Burg Sponheim. Da gibt es auch steil abfallende Pfade ins Flusstal hinunter, die ich selbst nicht zu begehen wage, die Absturzgefahr ist nicht gering. Jedoch für Jugendliche – und Hildegard von Bermersheim und Jutta von Sponheim waren jung, als sie hier lebten – mag es verlockend gewesen sein, solchen Pfaden zu folgen.

Damit sind wir beim zweiten mächtigen Wirkfaktor angelangt, der diesen sonst wenig besuchten Ort für mich beseelt: Es ist das Wissen um die von spiritueller Sehnsucht und Suche geprägte Jugend der beiden künftigen Mystikerinnen und die daraus entspringende, an diesem Ort sich entzündende Phantasie. So abgeschieden und doch mit der Natur verwachsen wie diese Burg es ist – und in der damaligen Zeit erst recht noch war –, so hoch über dem Flusstal und so weiten Ausblick gewährend wie dieser Bergfried war dies ein Ort, der die Jugend dieser Mädchen prägte und der wiederum durch sie geprägt wurde. Ihre Innerlichkeit und ihre Sehnsucht nach Weite zugleich mag hier ihren Ursprung genommen haben. Auch der mächtige Eindruck der Steinquader, aus denen dieser bewohnbare Turm zusammengefügt ist, gehört zu dem Erlebnis der Beseelung dieser Stätte. Es sind Zeiten überdauernde Blöcke, die gut 900 Jahre in dieser Gestalt gehalten haben, so wie die spirituelle Ausstrahlung von Hildegard anhielt. Etwas Trutziges, dem Wandel der Zeit Trotzendes drückt sich hier aus. Hier wurde etwas geprägt, auch im Charakter der beiden jungen Frauen, das dem Wandel des Zeitgeistes standhielt. So bergend, mächtigen Schutz gewährend, so dunkel im Innern dieser Wohnturm auch ist, im oberen Sechstel ist er bewohnbar, und dort stelle ich mir die Wohnstätte dieser drei jungen Mädchen und ihrer Erzieherin vor – den Wolken, dem Himmel nahe, den Mauerseglern, mit dem Blick in die schwindelerregende grüne Tiefe eines wildverwachsenen Tales und der Aussicht in die Weite des Nahegaues, bei klarem Wetter fast bis hin zum Rhein, dem großen völkerverbindenden Strom, an dem die mittelalterliche Geschichte mit den Ideen und Gütern der Kreuzzüge vorbeibrandet ...

Die Geburtsstätte einer lebenslangen Sehnsucht mag an der Balustrade dieses Turmes zu finden sein, einer Sehnsucht, über sich hinauszugehen, hinaus zu sein, einer Sehnsucht nach Transzendenz. Wie sie die beiden jungen Frauen damals überkommen hat, so mag sie uns auch heute noch oder wieder überkommen.

Disibodenberg

7. *Disibodenberg – das Kloster der Hildegard von Bingen*

Es war im Gedenkjahr an Hildegard von Bingen (1098 – 1171), dem Jahr 1998 also, in dem Tausende von Touristen, aber auch von Pilgern die Stätten ihres Wirkens aufsuchten. Aber es war auch ein regnerischer Oktobertag. Und so waren es zunächst nur ich und eine befreundete Begleiterin aus der Gegend, die nach einer Fahrt durch die bunt belaubten Weinberge und Wälder des Nahegaus, beim Zusammenfluss von Glan und Nahe, am Fuß des Disibodenbergs angelangt waren, einem nicht eben hohen Berg mit einer offenen Flanke, doch dicht bewaldeter Kuppe. Von den Resten des Disibodenberger Benediktinerklosters, in dessen Klause die damals vierzehnjährige Hildegard mit ihrer gleichaltrigen Freundin Jutta und der etwas älteren, zwanzigjährigen Jutta von Sponheim eingezogen war, sah man von unten nichts.

Der Wind blies lebhaft. Am Himmel hingen einige Wolkenbänke, sie ließen immer wieder einmal einen Schauer niedergehen. So auch jetzt. Und so kehrten wir zunächst einmal in das kleine Museum ein, das ans Gehöft der jetzigen Besitzer des Geländes angeschlossen ist. Kapitell- und Säulenreste, Steine aus dem Mauerwerk und vergilbte Urkunden gaben einen ersten Eindruck und vermittelten einen Anhauch von jener historischen Atmosphäre, in der das Kloster entstanden war, in der es Krisen überdauerte und in dessen Mauern bis zu seiner Zerstörung Mönche und Nonnen gebetet und gearbeitet und hatten.

Ein Stahlstich von 1724 gab die Ruinen der Gebäude wieder, wie sie damals noch aufragten – gewaltig und doch versponnen geheimnisvoll, ehe sich, wie wir lasen[36], die Leute des Umlandes dieser Stätte als Steinbruch bedienten.

Was mochte heute übrig sein? Meine Erwartungen an das, was noch zu sehen sein mochte, gingen merklich zurück, als ich hier einiges über die Geschichte des Klosters erfuhr.

Der Regenguss draußen war zu Ende. Wir gingen den etwas aufgeweichten Weg an der rechten Bergflanke hinan, vorsorglich mit Schirmen versehen. Noch immer war niemand außer uns beiden dorthin unterwegs. Und das im Hildegardjahr! Wie still mochte es hier erst an gewöhnlichen Jahren im Spätherbst wie jetzt oder gar im Winter sein!

Der Weg wurde steiler. Ehe wir den Wald erreichten, wandten wir uns um und hatten einen weiten Rundblick auf den Fluss, der den Disibodenberg umwindet – hier fließen Nahe und Glan zusammen –, und auf die gegenüberliegenden Höhen. Wie eingebettet in sie liegt der Disibodenberg da, selber aber frei aufragend und dadurch die Gegend beherrschend.

Diesen Ort also hatte einer der frühen christlichen Sendboten aus Irland, der später heilig gesprochene Disibod, sich zum Platz seiner Waldklause gewählt. Beseelt war dieser Ort also schon für die Gründer des späteren Benediktinerklosters. Die Grundsteinlegung war am 30. 6. 1104, kurze Zeit vor Hildegards Einzug und Profess (1112). Hildegard hat dem heiligen Disibod einige ihrer schönsten Hymnen gewidmet, er inspirierte sie zu Dichtung und Musik, und im Alter noch, als sie den Disibodenberg längst zugunsten ihres selbst gegründeten Klosters auf dem Rupertsberg verlassen hatte, verfasste sie einen Lebensbericht über ihn, die Vita Sankt Disibodi (um 1170). Auch wenn Hildegard selbst bekennt, dass sie diese Schrift in »mystica visionae«, also in mystischer Schau verfasst habe und dementsprechend auch traditionelle hagiographische Wendungen darin enthalten sind, erscheint sie hier dennoch als verlässliche Zeugin, hatte Hildegard doch vierzig Jahre in der Frauenklause eben jenes Klosters gelebt und dürfte wohl den Zugang zu allen Informationen über Disibod gehabt haben. (Im übrigen gibt es auch weitere Quellen über ihn, wie zum Beispiel die um 1150 niedergeschriebenen Annales Sankt Disibodi.) In der Wiedergabe von Eberhard Nikitsch ist Hildegards Bericht über den heiligen Disibod wie folgt zusammengefasst:

»Angetan«, so schreibt Hildegard von Bingen »von der Anmut des Ortes und der sich bietenden Möglichkeit, die den Berg umschließenden Bäche zur Erfrischung des Körpers zu nutzen, ließ sich der aus Irland vertriebene Bischof Disibod mit dreien seiner Gefährten nach langer Wanderschaft auf der Ostseite des Berges nieder und errichtete dort bei einer Quelle eine Einsiedelei. Als sich sein Ruf als Wundertäter immer weiter verbreitete, erbauten ihm gottesfürchtige Männer aus der Umgebung an gleicher Stelle ein kleines Bethaus und rodeten das ihm von den Adligen der Umgebung geschenkte Land an Nahe und Glan. Die sich mittlerweile um ihn versammelnden Brüder hingegen errichteten für sich auf dem Gipfel des Berges eine klosterähnliche Anlage mit eigener Gebetsstätte. Kurz vor seinem Tod bestimmte Disibod den genauen Ort sei-

Zugang zu den Ruinen des Klosters Disibodenberg

nes Begräbnisses, er wünschte ausdrücklich, nicht an einer hervorgehobenen Stelle bestattet zu werden, vielmehr unter dem Vordach seines kleinen Bethauses. Da das Berühren seines Grabes Wunder bewirkte, übte der Ort auf die Bewohner der Umgebung eine besondere Anziehungskraft aus ...«[37]

Auch um solche Anfänge zu wissen, trägt zur Beseelung dieses Ortes bei, der im übrigen auch Spuren von früher keltischer und römischer Besiedlung aufweist. Ein iro-schottischer Wandermönch namens Disibod hatte sich also im 7. Jahrhundert als offenbar wundertätiger Einsiedler an dem Berg niedergelassen, der später nach ihm benannt wurde, und ist später, nach einem heiligmäßigen Leben, auch dort begraben worden. Seine Grabstelle wurde von der Bevölkerung – unter der er viel zur Verbreitung und Festigung des frühen Christentums beigetragen hatte – hoch verehrt, so dass sich eine Klostergemeinschaft um sie bildete, die sein Gedächtnis durch die Wirren der Zeit hindurch aufrecht erhielt. Spuren jener spirituellen Bewegung um Sankt Disibod führen uns bis in die Zeit des Erzbischofs Willigis von Mainz, dem Erbauer des Mainzer Doms (975 bis 1111), der auch den Anstoß dazu gab, dass anstelle der losen Mönchsgemeinschaft, die bisher auf dem Disibodenberg gesiedelt hatte, ein Benediktinerkonvent entstand, der nun auch einen benediktinischen Klosterbau in Angriff nahm.

Während wir die alte Geschichte des Berges bedachten, hatten wir den Rand des Waldes erreicht, der die obere Kuppe des Berges bedeckt. Das Laubdach aus hohen Buchen war von einem mächtigen Rauschen erfüllt, als wir den Wald betraten. Der Oktoberwind war aufgewacht und trieb die Regenwolken so schnell vor sich her, dass sie ihren Zusammenhalt verloren, auseinander gerieten und uns erlaubten, trockenen Fußes weiter zu gehen. Doch blieb der Himmel die ganze Zeit über bedeckt.

Auf einmal tauchte, fast erschreckend, ein hochragendes Mauerwerk zur Rechten des Weges zwischen den Stämmen auf und wuchs, wenn der Blick ihm folgte, über die Wipfel hinaus.

Ein freistehender Giebel war es, der noch erhaltene Teil eines Giebels, turmhoch wirkend in diesem freien Stand, während große Steine, die zu ihm gehört hatten, offenbar ins Innere der Gebäuderuine abgestürzt waren. Es war ein mehrstöckiges Gebäude gewesen, dessen einstmals beachtlich hohe Außenmauern bruchstückweise noch stehen. Mauerlücken und offene Türrahmen erlaubten einzutreten, und ich stand auf einmal vor einem Gebirge grob behauener Natursteine, mit Flechten überwachsen, mit Buschwerk bestanden, ja mit Bäumen – jetzt aber alles übergossen von goldenem Laub. Auch farblich war es ein wunderbarer Eindruck: dieses goldgelbe Laub zwischen den grauen Steinen und dem frischen Grün. So machtvoll erlebte ich das Gebäude mit dem turmartig aufragenden Giebel, dass es mir einleuchtete, dass es sich um einen Teil der Abtei mit der Wohnung des Abtes handeln soll, wie der rekonstruierte Klosterplan sagt. Bis in die ursprüngliche Höhe von 24 Metern ragt also auch heute der Westgiebel des dreigeschossigen Gebäudes noch auf – es wurde wohl zu Beginn des 14. Jahrhunderts von den Zisterziensern erbaut, die das Kloster im Anschluss an die Benediktiner übernahmen.

Später stehe ich in dem gewaltigen Kellerraum mit seiner Länge von 40 Metern und seiner Breite von 11 Metern, der dereinst von einem Tonnengewölbe überdacht war, von fünf Bögen getragen, die auf achteckigen Pfeilern ruhten. Als großräumiger Weinkeller, als Obst- und Getreidespeicher mag er gedient haben. Im ersten Obergeschoss darüber soll sich ein großer, zweischiffiger Saal befunden haben, der mit mächtigen Kaminen und einem Rippengewölbe versehen war, also mit einer recht komfortablen Einrichtung. Im oberen Stockwerk vermutet man die repräsentative Wohnung des Abtes, in der gewiss von Zeit zu Zeit auch vornehme Gäste beherbergt wurden.

Weil die übrigen Reste des Klosters noch höher auf dem Gelände lagen, stieg ich aus dem wundersamen Steinbruch, den das ehemalige Abteigebäude heute bildet, wieder zurück auf den vorigen Weg und folgte einer halbmondförmigen Biegung an der Bergflanke bis zu einem Zugang, Resten der südlichen Klosterpforte, der zu einer fast quadratisch ummauerten Fläche führte. Wahrscheinlich war hier die Kapelle des Klosterfriedhofs, wie uns der Plan verrät, jetzt aber ist die Fläche über und über bewachsen mit frischem Grün, jungem Löwenzahn, eine Überraschung in dieser späten Jahreszeit! Wir saßen eine Weile vor diesem Wachstumswunder am früheren Ort der Toten und hörten dem lebendigen Rauschen der Baumwipfel unter dem grauen Himmel zu. Nach einer Weile konnten wir nicht mehr widerstehen, wir pflückten den jungen Löwenzahn, der da im späten Oktober gewachsen war, und schmeckten schon im voraus den frischen Salat auf der Zunge. Immer dichter umfing uns die Atmosphäre Hildegards, die ein Gedicht geschrieben hat, in dem Seele und Kräuter einzigartig zusammenklingen:

> Die Seele ist wie ein Wind,
> der über die Kräuter weht ...[38]

Sollten die Seelen der hier begrabenen Mönche und Nonnen – es zeigte sich, dass rund um die Kapelle der ehemalige Friedhof gelegen war – gewissermaßen wirklich präsent sein in diesem Wind, der uns umfing, wie auch in den Kräutern, die hier auf geweihter Erde wuchsen? Die Hände voller Löwenzahn und Kräuter, deren Duft zu uns aufstieg, blieben wir einige Zeit an diesem Ort der Kapelle und des Friedhofs. Hildegard hatte eine innere Stimme zu sich sprechen gehört, die für sie die Göttliche Stimme selber war, und die wir uns jetzt vergegenwärtigten:

> Ich bin das heimliche Feuer in allem
> und alles duftet von mir ...[39]

Gott selber duftete für sie im frischen Grün. Dann schritten wir weiter durch das raschelnde bunte Laub, das über den Boden gebreitet war, ich brachte es extra zum Rascheln, indem ich mit den Füßen wie als Kind durch das Laub schlurfte und es vor mir herschob. Mein frühestes Herbstgefühl, ein Glücksgefühl über die Fülle dessen, was da zu finden war, stellte sich wieder ein.

Brunnen

Dabei kamen wir zu einem Brunnen, rund ummauert, stimmungsvoll, der gut erhalten war. Wie schwierig musste es gewesen sein, damals Wasser zu bohren, Wasser zu gewinnen für eine so große Gemeinschaft! Auch für Hildegard waren Brunnen wichtig, lebenswichtig. Für ihr später gegründetes Kloster am Rupertsberg ließ sie ein ganzes Wasserleitungssystem legen, bei dem das Wasser aus der Tiefe emporgepumpt wurde, etwas außergewöhnlich Fortschrittliches für jene Zeit. Aber auch dieser Brunnen hier ist ungewöhnlich, wie wir erfahren. Er stellt eine zweigeteilte Filterzisterne mit zylindrischem Schöpfschacht dar, die bis heute noch funktionsfähig ist. Auch das Kloster Disibodenberg verfügte über eine Wasserleitung, deren schmale Zuleitungsröhren für Trinkwasser und deren breitere für die Abwässer bei den jüngsten Ausgrabungsarbeiten zum Vorschein gekommen sind.

Ich blicke in die dunkle Tiefe des Brunnens hinunter. Über solchem nachdenklichen Schauen in den Brunnen mag Hildegard eines Tages ihre Vision von dem Brunnen erwachsen sein, aus dem drei wundersame Frauengestalten aufstiegen, Verkörperungen von Liebe, Demut und Frieden, wie sie es deutet.[40]

Die Mauerreste, an denen wir entlangschreiten, durch die wir hindurchgehen, lassen nur noch den Grundriss der einstigen Anlage erahnen, die längst von der Vegetation – Hildegards Grünkraft – zurückerobert wurde, überwachsen von herrlichen himmelstürmenden Bäumen mit ausladenden Kronen, die das darüberjagende Gewölk streifen. Dieses Rauschen überall, als rauschten die lebendigen Wasser der Zeit über dies alles hin, weckt in mir die Frage, ob letztlich die Natur nicht stärker sei als all die Gestaltungen menschlicher Spiritualität. Oder wird die Natur womöglich selber spirituell, indem sie sakrale Bauten durchwächst und überwächst? Ist sie, wie der grüngoldene Merkurius der Alchimie, wie der grün-goldene kosmische Christus Chagalls im Fraumünsterfenster von Zürich[41], womöglich selber die Wurzel alles Spirituellen? Wir durchschreiten den ehemaligen Kreuzgang, den Ort der Kontemplation um eine unsichtbare Mitte, in deren Zentrum damals ein Brunnen war. Mit seiner Erstreckung von 30 auf 32 Meter bildet dieser Kreuzgang ein fast regelmäßiges Quadrat, die symbolische Figur, die überall in Kultur und Religion, selbst in den Träumen, dort aufzutauchen pflegt, wo es um eine Umschreitung, eine Umkreisung des Selbst geht, um das innerste Geheimnis des Menschen und seines Gottesbildes. Es ist eine eigene Art von Kontemplation, solch ein Kreuzgang-Karree in ruhigen rhythmischen Schritten abzuschreiten, die Geraden, die Ecken als Wendepunkte bewusst unter die Füße zu nehmen, während die Orientierung doch immer auf die Mitte gerichtet bleibt.

Ich stelle mir vor, dass auch Hildegard von Bingen, Jutta von Sponheim und ihre Schwestern gelegentlich dort geschritten sind. War doch das Kloster von Anfang an als Doppelkloster im Geiste der Hirsauer Reform konzipiert. Es ist kaum denkbar, dass die Frauen sich ausschließlich in ihrer engen Klause bewegt haben während der rund vierzig Jahre, die Hildegard und ihre Schwestern hier verbrachten – oder doch? ! Ich imaginiere weiter, was mir die Mauerreste und der rekonstruierte Plan des Klosters[42] an Vorstellungen nahelegen: dass beispielsweise der Treppenansatz, der im Ostflügel heute noch sichtbar ist, hinauf zu den Dormitorien der Mönche geführt haben könnte, zu ihren Schlafsälen. Ein daran anschließender kleiner, fast quadratischer Raum diente vermutlich als Armarium, als Bibliothek des Klosters, die der gelehrte Magistermönch Volmar auch Hildegard zugänglich gemacht haben könnte – aus der er ihr jedenfalls gewiss die Bücher verschaffte, die ihrer hohen Bildung zugrunde lagen, einer Bildung, die außer Frage steht, auch wenn sie selbst sich gemäß christlicher Demutstradition vielfach als »ungebildet« bezeichnet, aber auch jener betrüblichen Realität entsprechend, dass den Frauen seinerzeit keine offizielle theologische Ausbildung offenstand. In dem darüberliegenden Bereich des Gebäudes könnte man sich das Scriptorium vorstellen, in dem Volmar seit 1141 das auf dem Disibodenberg entstehende erste Visionswerk Hildegards »Scivias : Wisse die Wege« in kostbarer, haltbarer Schrift schreiben ließ. Der Rupertsberger Kodex[43], der die subtilen, künstlerisch hochwertigen Buchmalereien enthält, die bis heute ergreifen und der Wissenschaft viel zu rätseln geben, ist allerdings später entstanden, allenfalls in dem Scriptorium auf dem Rupertsberg, wenn nicht noch später in einer professionellen Werkstatt. Hildegard schrieb zehn Jahre lang an ihrem Werk und weihte nur ganz wenige Menschen wie Jutta und Volmar in ihre Visionen ein. In diesem visionären Werk schaut und deutet sie die Geschichte der Welt von ihrer Erschaffung an bis zum Jüngsten Gericht in persönlichen Schauungen, in die jedoch auch die theologischen Anschauungen ihrer Zeit eingegangen sind, mit denen sie sich – oft recht eigenwillig – auseinandersetzte. Zum weiteren Imaginieren eignet sich besonders die steinerne Sitzbank in dem ehemaligen Kapitelsaal, der zwei Stufen tiefer als der Kreuzgang liegt. Wie oft mögen hier die Mönche zusammengesessen sein, um die Händel des Klosters, des Reiches und der Christenheit miteinander zu bedenken. Einer von ihnen wie gesagt, Volmar, war Hildegards Vertrauter geworden, ein besonderer, sensibler Mann, der ihre geistige und spirituelle Begabung früh erkannte, sie einführte in das Wissen seiner Zeit, wie es eine benediktinische Klosterbibliothek bot – auch sie war damals nur den Männerklöstern vorbehalten –, und der sich ihr in seltener Selbstlosigkeit zur Verfügung stellte, als ihre seherische Gabe sie drängte, die Visionen samt ihren Reflexionen darüber niederzuschreiben. Volmar war der einzige, der es verstand, Hildegards ungeschliffenes, aber zugleich wortschöpferisches und bilderreiches Latein in eine Fassung zu bringen, die der damaligen kirchlichen Öffentlichkeit verständlich und zumutbar war, ohne dass es seine Eigenart verlor. Eine zarte und tiefe geistig-seelische Verbundenheit erwuchs zwischen diesen beiden Menschen, Frau und Mann, sie die Schöpferische, er der liebevoll Dienende, so dass er sie »süßeste Mutter« nennen konnte und sie ihn »einziger, innig geliebter Freund«. Nach seinem Tode kam sie sich verwaist vor. Auch das Fluidum dieser erotisch-spirituellen Beziehung ist zwischen dem Kreuzgang, dem Kapitalsaal, der Bibliothek und der Schreibstube noch wahrzunehmen wie ein unverwelklicher Duft.

Doch nun sind wir vorbereitet, den Innenraum der mächtigen Kirche zu betreten, deren Grundriss sich noch klar abzeichnet durch die meist kniehohen Reste der Umfassungsmauer, die sich an einigen Stellen noch über

Altarraum der ehemaligen Klosterkirche

Die Rundung der Apsis

6 Meter hoch erhebt, ein weiter Raum, der in eine schöne Apsis mündet, wovon einige wohlgerundete Steine noch zeugen. Jetzt aber ist er Wurzelraum vieler starker, oft mehrstämmiger Bäume mit umfangreichen breiten Kronen geworden, ein gottesdienstlicher Raum, der wieder zum Wald, zum Baumhain geworden ist – so wie es die Stätten der Gottesbegegnung für unsere vorchristlichen Vorfahren waren. Goldenes Laub in Rot aufflammend, zu Ocker verlöschend auch hier, herabrieselnd, raschelnd, wenn der Fuß es vor sich herschiebt.

Langsam durchschreite ich diesen Raum in seiner Länge von schätzungsweise 50 Metern (genau 52,75 Meter) und seiner Breite gegen 20 Metern (genau 19 Meter) – auch das Querhaus misst gut 30 Meter (genau 30,25). Es ist der Raum, in dem die Gottesdienste stattfanden, die Stundengebete der Mönche, der Raum, den die Gregorianischen Psalmengesänge durchtönten, an denen Hildegard mit ihren Gefährtinnen von ihrem vierzehnten Lebensjahr an partizipierte – vielleicht von dem in die Kirche hinein geöffneten Klausenfenster aus –, die ihr tägliches geistiges Brot waren, der einzige Musikunterricht, den sie je erfuhr und der sie doch befähigte, ihre eigene Musik samt deren Liedtexten innerlich zu hören und aus dem inneren Hören heraus zu gestalten – aufblühende Gesänge, die mit ihrer Schwingungsbreite, ihren kühnen Sprüngen durch Tonhöhen und -tiefen, ihren weit ausgreifenden Melodien die streng gefügte Gregorianik ihrer Zeit überwuchsen und verlebendigten. Ob in dieser Kirche auch von ihr geschaffene Gesänge erklungen sind? Es galt damals noch als »etwas Unerhörtes«, aber ein Pariser Kantor sprach davon im Blick auf Hildegard, »dass die Musik einer Frau während des hl. Offiziums ertönte«.

Hier also war das Herzstück der ganzen Klosteranlage, zugleich das Herzstück des gottesdienstlichen Lebens. Um dem heiligen Offizium zu folgen, an ihm teilnehmen zu können, hatte Hildegard samt ihren jungen Gefährtinnen die Klause auf dem Disibodenberg gewählt, die durch ein offenes Fenster mit dem gottesdienstlichen Raum verbunden gewesen sein soll, so dass die jungen Frauen jederzeit, zu jeder der liturgischen Tag- und Nachtzeiten, an dem dortigen Geschehen teilnehmen und teilhaben konnten. Eine intuitiv begabte Musikerin, die mir von ihrem Erleben auf dem Platz der Klosterkirche erzählte, berichtet, dass sie unwillkürlich und ganz real Musik gehört und Weihrauchgeruch in der Nase gehabt habe, als sie an diesem Ort stand, so dass sie spontan eine Hildegardsequenz zu singen begonnen habe. Auch habe sie intuitiv den Platz erspürt, an dem Hildegards Klause wirklich gelegen haben müsse. Hierüber sind sich ja auch die Archäologen noch nicht einig.

Auch ich hatte Hildegards Musik im inneren Ohr, als ich auf dem Platz der Klosterkirche stand, und hätte etwas darum gegeben, sie hier erklingen zu hören. Statt dessen sangen die Bäume von ihr, ihr Rauschen gab den kontinuierlichen Bordun-Ton ab, über den wohl alle ihre Melodien gesungen wurden.

Nun stehen wir in dem um drei flache Stufen erhöhten Chorbereich und werfen noch einmal einen Blick auf den ganzen Kirchenraum, der nun in unserer inneren Vorstellung wiederersteht, so wie er in der ersten Hälfte des 12. Jahrhunderts errichtet worden sein mochte: eine dreischiffige Pfeilerbasilika mit einem breiten Querhaus, das sich mit seinen beiden halbrunden Apsiden nach Osten hin öffnet. Halbrund war auch die Apsis des Hauptchores, in der ich stehe, vor mir ein neu errichteter Altar. Im Zentrum des Chorbereichs muss auch das Grab des heiligen Disibod gewesen sein. Das Halbrund der Apsis ist vor allem von außen in dem schön bearbeiteten Gestein des Sockels noch sichtbar. Dem Chor waren zwei Nebenchöre angeschlossen, durch Doppelarkaden getrennt. Das Langhaus, siebenjochig, war ursprünglich wohl flach gedeckt gewesen und konnte durch das Westportal und eine Vorhalle betreten werden, die von zwei Westtürmen, die wohl nie vollendet wurden, flankiert werden sollte.

Die beiden Seitenschiffe und auch die Chorseitenschiffe des Querhauses hatten wohl Kreuzgewölbe getragen.

Von außen betrachtet aber muss das Eindrucksvollste an dieser Kirche der achteckige Glockenturm gewesen sein, der sich über der Vierung, der Kreuzungsstelle zwischen Langhaus und Querhaus erhob. Er muss weit ins Land hinein sichtbar gewesen sein und wie ein spiritueller Leuchtturm gewirkt haben.

Während die Fundamente der Kirche aus Bruchsteinen bestehen, wurde das aufsteigende Mauerwerk aus jeweils zwei Quaderschalen hergestellt, die innen mit einem Gemisch aus Mörtel und Stein verfüllt sind. Die Quader- und Steinmetztechnik war hoch entwickelt, wie die erhaltene Bausubstanz und viele der Gewölbe- und Schlusssteine, die in dem kleinen Klostermuseum aufbewahrt sind, beweisen. Die Fundamente des Baus liegen bis zu 4 Meter tief, wie neue Suchschnitte erwiesen, da offenbar umfangreiche Aufschüttungsarbeiten nötig gewesen waren, um auf dem ursprünglich zerklüfteten Gelände zunächst einmal einen ebenen Baugrund zu gewinnen.

Mutmaßlicher Ort der Hildegardklause

Wo nun mag Hildegards Klause gelegen haben, die doch durch ein Fenster mit dem gottesdienstlichen Raum verbunden gewesen sein soll? Genau weiß es niemand. So suchte ich, zusammen mit meiner Begleiterin, die Stelle auf, die bei den historischen Rekonstruktionen des Geländes als die wahrscheinlichste gilt, sie liegt nahe der alten Umgehungsmauer des Klosters. Die Frauenklause gehörte wohl doch von Anfang an zu dem Komplex des benediktinischen Doppelklosters, das damals selber noch jung und im Aufbau begriffen war. Während der 40 Jahre, in denen Hildegard mit ihren Schwestern hier lebte, muss eine ununterbrochene Bautätigkeit in Gang gewesen sein. Wurde doch erst 1143 die Klosterkirche durch den Mainzer Erzbischof Heinrich eingeweiht und damit zugleich die Reliquien des heiligen Disibod in ein neues, hinter dem Hauptaltar gelegenes Hochgrab übergeführt. 1146 wurde das letzte Gebäude, die Marienkapelle, geweiht, während Hildegard kurz nach 1147 mit ihren achtzehn beziehungsweise zwanzig Schwestern, die Frauenklause verließ und das von ihr neu gegründete Benediktinerinnenkloster auf dem Rupertsberg bei Bingen bezog.

Wir fanden schließlich den Platz nahe der Mauer, an dem die Klause, in der sie 40 Jahre gelebt hat, gestanden haben soll. Eine Bank lädt da zum Verweilen ein, die wir gerne benutzten, nachdem wir nun schon einen längeren Gang durch das Gelände gemacht hatten. Wir blickten auf das geschützte Rasenstück, das einmal ein Klostergärtchen gewesen sein könnte. An der Mauer, an der die Klause gestanden haben soll, zog nun etwas Wundersames unseren Blick auf sich: eine rote Rose, die jetzt im späten Oktober erblüht war, in einem Gelände, das doch sonst nur wilde Kräuter und letzte unscheinbare Feldblumen kannte. Eine blühende rote Rose war es, umgeben von einem Rosenbusch. Frauen hätten diese Rosen gepflanzt, sagte uns ein Ortskundiger, Frauen, die sich mit Hildegard verbunden fühlten. Es war anrührend, diese Blume der Liebe, der mystischen Liebe auch, vor dem verwitterten Stein und unter dem grauen Himmel des Spätherbstes blühen zu sehen.

Ein wahrhaft beseelter Ort ist dies, beseelt durch seine Geschichte, die Geschichte Juttas und Hildegards, beseelt aber auch von neuem durch die von jenen unbekannten Frauen gepflanzte Rose, die Hildegard damit ihren Dank und ihre Liebe schenken, da sie ihnen offenbar viel bedeutet. Hildegards Musik, ihre Dichtung, ihre besondere Spiritualität vermag die Natur als ein Schöpfungsgeheimnis zu begreifen und damit wie-

Auf der nächsten Seite: Disibodenberg, Labyrinth

der mit Geist zu erfüllen. Meine Begleiterin vertraut mir an, dass sie bei einem früheren Besuch hier an dieser Stelle die neu entdeckte Vita Juttas von Sponheim[44] dabei gehabt habe, die sie und ihre Freundin an diesem Ort einander laut vorgelesen hätten. Auch dies eine Form der Beseelung einer solchen Stätte! Da fällt unser Blick auf das Rasenstück vor der Mauer und auf seine Fortsetzung unter den Bäumen und wir nehmen noch etwas wahr, das unser Staunen weckt: ein Labyrinth, das unübersehbar in den Rasen eingezeichnet und offenbar nicht selten begangen ist, denn es bildet sich bereits ein Pfad zwischen den Windungen der Figur ab! Es kann noch nicht alt sein, dieses Labyrinth, denn das Gras hat es noch nicht wieder überwachsen. Auch dies sei das Werk von Frauen, so erfahren wir später, und vor allem Frauen wären es, die dieses Labyrinth oft begingen. Was wollten diese unbekannten Frauen ausdrücken, die es angelegt hatten und begingen? War das Labyrinth demjenigen in der Kathedrale von Chartres[45] nachempfunden, das letztlich einen Weg durch Tod und Auferstehung hindurch symbolisiert und beim Durchschreiten beides nacherleben beziehungsweise vorauserleben lässt, so wie es viele Gläubige damals im 12. Jahrhundert auf den Knien voranrutschend erlebt haben mochten und wie es gemäß den Annalen am Ostertag sogar vom Domkapitel selbst mitvollzogen wurde, indem die Kleriker das Labyrinth in liturgischen Schritten durchmaßen und sich dabei gegenseitig einen Ball zuwarfen, der die wieder auferstehende Sonne und damit zugleich Christus symbolisieren sollte? Damit ließe sich ein großer Bogen schlagen von diesem im Gras angelegten Labyrinth über das von Chartres bis zurück zu den frühen Labyrinthen der frühchristlichen Zeit, die wohl alle dem Mitvollzug jahreszeitlicher Übergänge vom Eintritt in den herbstlich-winterlichen Tod bis zum Ausgang in das frühlingshafte Wiederauferstehen dienten. Auch das vor Hildegards Klause ins Gras geritzte Labyrinth soll wohl den Bogen zurück vom christlichen zum naturhaften Verständnis der Lebensübergänge schlagen und damit beide integrieren, wie es Hildegard auf ihre Weise immer wieder getan hat, indem sie vorchristliche Weisheit und wohl auch das überlieferte heilkundliche Wissen der Frauen in ihre christliche Weltsicht einbezog. Wir konnten uns der Magie der Labyrinthfigur an diesem Ort nicht entziehen und betraten es, begingen es, der gegenwärtigen Jahreszeit, die ins winterliche Sterben hineinführte, wohl bewusst. So durchschritten wir es in all seinen Windungen bis zu seinem Drehpunkt hin, um dann die Kehre zu machen und die Auswärtsrichtung einzuschlagen, die Hoffnungsrichtung auf Auferstehung hin, die in diesem Falle auch die Hoffnung auf die Auferstehung einer neuen spirituellen Kultur mit einschloss, die vielleicht im dritten Jahrtausend nach Christus sich anbahnt.

Noch einmal standen wir vor dem möglichen, dem imaginären Ort der Klause, in der jene drei jugendlichen Frauen gelebt haben sollen. Ergriffen waren sie, ihrem Alter gemäß von der Vorstellung eines Lebens soli deo gloria, einer rückhaltslosen Hingabe an »das, was uns unbedingt angeht« (Paul Tillich) und was gerade darum über uns hinausgeht, uns transzendiert. Bei Jutta von Sponheim mochte dies einen asketischen, welt- und leibüberwindenden Anstrich und Anspruch gehabt haben, während sich Hildegards eigene Art immer mehr zu einer weltbejahenden und weltdurchdringenden, einer leibbeseelenden und -durchgeistenden Spiritualität hindurchrang, einer Spiritualität, wie sie uns auch heute anspricht. Wie mögen die drei jungen Frauen in dieser engen Klause, die zunächst wohl nur einen Raum umfasste, gelebt haben? Welche innere Kraft zu Stille und Konzentration müssen sie gehabt haben, damit sie sich auch gegeneinander abgrenzen konnten? Was mag ihnen andererseits auch die enge menschliche und freundschaftliche Nähe von schwesterlichen Frauen, von gelebter Gemeinschaft positiv bedeutet, wie mögen sie einander auch inspiriert und befeuert haben? Ob sie auch aneinander gelitten haben, von Fall zu Fall? Die Chroniken, Hildegards Vita und Juttas Vita schweigen sich darüber aus, auch wenn sie vieles andere erzählen. Wie mag Hildegard in dieser großen räumlichen Nähe zu den anderen ihr visionäres Erleben ausgetragen haben, das sie doch immer wieder tief aufwühlte? Immerhin ist Jutta von Sponheim die erste von den wenigen gewesen, denen sie sich bis zu ihrem vierzigsten Jahr überhaupt anvertraute. Erst später kam Magister Volmar hinzu. In Bibliothek und Schreibstube mag Hildegard ein eigenes Leben aufgebaut haben. Zeitgenössische Buchmalereien[46] zeigen sie, durch ein Sprachgitter getrennt, im Gegenüber zu Volmar, wie sie, schauend, das Gesicht von Licht überflutet, die Visionen empfängt, die sie sogleich auf einem Wachstäfelchen notiert, während Volmar, ganz Ohr, das von ihr Gehörte und Geschaute in haltbarer Schrift, auf dauerhaftem Pergament niederschreibt. Ihr Werk Scivias ist, wie gesagt, während ihrer Zeit in der Disibodenberger Klause entstanden, ihr erstes Buch, zu dessen Veröffentlichung sie, zumal als Frau, die keine legitimierte Stimme in der Theologie hatte, großen Mut brauchte. Doch unter Volmars unermüdlicher Ermutigung und Unterstützung vermochte sie dieses Werk innerhalb von zehn Jahren zu vollenden. Hildegard veröffentlichte bekanntlich zahlreiche weitere Schriften, eine Ethik, naturkundliche und heilkundliche Werke, die ihre umfassende Lehre vom »alleredelsten Grün« enthalten, das jeder Gesundheit und Wiedergesundung zugrunde liegt. Sie fasste die Grünheit, die Viriditas, gleichsam als personifizierte Heilkraft auf, die sie wie eine göttliche Wesenheit besingen konnte:

O edelstes Grün,
das wurzelt in der Sonne
und leuchtet in klarer Heiterkeit
im Rund des kreisenden Rades,
das die Herrlichkeit des Irdischen nicht fasst.
Umarmt von der Herzkraft himmlischer Geheimnisse
rötest du wie das Morgenlicht
und flammst wie der Sonne Glut,
du Grün bist umschlossen von Liebe.[47]

Woher mag Hildegard ihr heilkundliches Wissen bezogen, wie mag sie es weitergegeben haben? Da gab es weitverzweigtes Heilwissen im Zusammenhang mit Heilkräutern, wie es schon im Hortulus des Walahfried Strabo im 8. Jahrhundert beschrieben war, Heilwissen, das in der Klostermedizin seit Jahrhunderten tradiert wurde. Da gab es sicher auch eigene Begegnungen Hildegards mit heilkundigen Frauen, die ihr durch das Sprechfenster hindurch oder im Klosterspital manchen Hinweis gaben. Das markante Hospiz auf dem Disibodenberg, dessen Ruinen noch heute hoch aufragen, wurde zwar nachweislich nicht mehr zu Hildegards Zeit, sondern von den auf die Benediktiner folgenden Zisterziensern errichtet, doch gab es einen Vorgängerbau auch im benediktinischen Klostergelände. Auf den 28. Mai 1142 ist die Weihe der Kapellen im Hospiz und im Krankenhaus datiert. Die 18 Meter hohen Giebel des tief in die abschüssige Nordostseite des Berges eingegrabenen Gebäudes stehen heute noch, dazu ein kleiner Teil des ehemaligen Erdgeschosses und des Kellers. Der Bau muss überaus eindrucksvoll gewesen sein, allein schon in seinen Maßen, einer Länge von 28,40 und einer Breite von 7,50 Metern. An der stark abfallenden Talseite haben fünf Strebepfeiler die Außenfront gesichert, die weithin sichtbar war. Zwillingsfenster ließen das Licht von der Talseite her ein. Keller und Erdgeschoss waren wohl mit einer Balkendecke abgedeckt, wie die zahlreichen noch vorhandenen Konsolen und Tragevorrichtungen nahelegen. Im Erdgeschoss und Obergeschoss waren mächtige Kamine eingelassen, die beide Geschosse damit relativ komfortabel beheizbar machten. Neben ihrer Nutzung für die Alten- und Krankenpflege könnten die Räume auch als Aufenthalts- und Schlafstätten für die Laienbrüder gedient haben.

Von diesem Hospiz- oder Konversenbau aus durchqueren wir nun die nördliche Klosterpforte und stoßen auf der linken Seite auf ein überraschendes Bauwerk: das muss doch tatsächlich ein mittelalterlicher Backofen gewesen sein, mit der eindrucksvollen Höhe von 4 Metern, an dem man die leicht ansteigende Backplatte aus geschliffenem Lehm noch erkennen kann, während die Kuppel darüber zerstört ist. Überhaupt stehen wir jetzt offenbar im Küchenbereich des Klosters mit Herdstelle, Mehlkammer und Gärgrube. An den Küchenbereich schloss sich das Refektorium an, doch lassen sich hier nur noch die Grundmauern erkennen. Die Funktion einiger kleinerer Klosterbereiche wie der einer unterkellerten Vorhalle am Westbau der Klosterkirche und auch das zweiteilige bescheidene Gebäude, das hinter dem westlichen Kreuzgangflügel liegt, ist bis heute ungeklärt. Mit Eberhard Nikitsch wäre zu überlegen, »ob nicht der oben erwähnte, an den Westflügel des Kreuzgangs anstoßende Bereich ehemals als Frauenklause gedient haben könnte. Der für die benediktinische Zeit festgestellte, auffallend zellenartige Grundriss unterstützt diese Vermutung. Zudem könnte der erforderliche Kontakt zur Klosterkirche über einen Zugang zum Westbau möglich gewesen sein.«[48] Auch wenn der heute als Klause der heiligen Hildegard verehrte Platz südwestlich der Kirche als Standort nicht ausgeschlossen werden kann, so wäre doch zu bedenken, dass die zeitgenössischen Inklusenregeln eine nähere Anbindung der Klause an die Kirche vorsahen. Eine Seite der Zelle sollte an die Kirche stoßen und mit dieser durch ein Fenster verbunden sein, damit die Inklusinnen nicht nur dem Gottesdienst beiwohnen, sondern auch die Sakramente empfangen konnten. Zudem sollte über einen kleinen Vorraum ein zweites Fenster die Verbindung zur Außenwelt sichern und so die klösterliche Erziehung und religiöse Bildung der Inklusinnen ermöglichen. Auch hätte solch ein Fenster zum Hineinreichen der Speisen und einer Möglichkeit zum Gespräch mit auswärtigen Besuchern dienen sollen. Geben wir also auch dieser Überlegung Raum, dass die Frauenklause, die schließlich um die Mitte des 12. Jahrhunderts mit zehn bis zwanzig Inklusinnen eine beachtliche Größe besessen haben muss, an diesem Ort gelegen sein könnte! Hildegard war, vor allem nach Veröffentlichung ihres Scivias, so weithin bekannt und verehrt, dass sie der Konvent der Disibodenberger Brüder nicht mehr wegziehen lassen wollte und sogar Druck auf sie ausübte, indem er die Güter, die die Schwestern eingebracht hatten, zunächst zurückbehielt, so dass Hildegards Schwesternschaft mittellos dastand. Dennoch setzte Hildegard die Neugründung eines eigenen Klosters auf dem Rupertsberg, den sie zuvor erst roden und kultivieren lassen musste, durch. Was musste geschehen sein, ehe sie den geliebten und vertrauten Disibodenberg verließ und eine solche innere und äußere Anstrengung auf sich nahm? Die Schwierigkeiten solch weitreichender Entscheidungen haben sie oft innerlich niedergeworfen und auch physisch gelähmt, wie sie berichtet. Hildegard wurde oft krank, kannte Atemleiden, Augenleiden, körperliche Lähmungserscheinungen, die immer dann auftraten, wenn sie einem Ruf, der sie innerlich getroffen hatte, aus Furcht vor den Menschen zunächst nicht nachzukommen wagte. Wagte sie es dann doch, konnte sie sich von einem Tag auf den anderen aus dem Bett auf das Pferd schwingen und ihren Auftrag ausführen. Zum Zeitpunkt dieser Entscheidung war die Schwesternschaft zahlenmäßig stark angewachsen, da Hildegards Ausstrahlung und Anziehungskraft offenbar sehr groß geworden war. War sie doch nach Jutta von Sponheims frühem Tod (1135) zur Meisterin gewählt und von Abt Kuno bestätigt worden, obgleich sie selbst im Alter von achtunddreißig noch in jungen Jahren stand. Wie sollte sie alle die hinzuströmenden jungen Frauen in der einen Klause unterbringen? Ich kann es mir nicht anders vorstellen, als dass auch die Klause inzwischen schon stark erweitert worden war, durch Anbauten oder durch die Teilung der Räume. Auch waren die freien, einsamen Klausnerinnen der ersten Stunde inzwischen zu einem benediktinischen Konvent geworden. Was mag in der Zwischenzeit in diesen Räumen alles geschehen sein an Entwicklung, an Enttäuschung, an Zwist und Versöhnung? Hildegard mag sich vor allem Selbständigkeit in ihren künftigen Entscheidungen gewünscht haben.

Ich kann den erinnerungsschweren Ort ihrer ersten Klause nicht hinter mir lassen, ohne auch Hildegards tiefer und tragischer Freundschaftsbeziehung zu Richardis von Stade zu gedenken, der einzigen wirklich vertrauten Mitschwester, von der wir wissen. Nur ihr vertraute sie nach Jutta von Sponheim und Volmar ihre visionären Erlebnisse an. Richardis war es, die ihr neben Volmar bei der Niederschrift ihrer Visionen beistand, eine Tatsache, die Hildegard selbst noch in der Einleitung zu ihrer späten Kosmosschrift erwähnt und die eine Buchmalerei des Codex von Lucca bezeugt, wo Hildegard während der visionären Eingebungen ihre Freundin Richardis im Rücken hat.[49]

Als die noch junge Richardis eines Tages selbst einen ehrenvollen Ruf erhält, sie soll Äbtissin im Stift Bassum bei Bremen werden, und dem zu folgen gedenkt, wird Hildegard von Trennungsschmerz überwältigt, so dass sie dem Weggang dieser einzigen Vertrauten unter ihren Schwestern Steine in den Weg zu legen versucht, wo sie nur kann. Sie sei zu jung, folge nur ihrem Ehrgeiz und dem ihrer adligen Verwandtschaft, so argumentiert sie gegenüber Richardis, gegenüber deren Mutter, der Markgräfin der damaligen Nordmark des Reiches, gegenüber den zuständigen Bischöfen und selbst gegenüber dem Papst. Doch niemand steht ihr bei, vielmehr lässt man Richardis schließlich fast gewaltsam bei ihr abholen und nach Bassum bringen.

Richardis hat den Trennungsschritt von Hildegard gewagt, wenn auch unter schwersten Gewissensnöten und innerer Zerrissenheit, hing doch auch sie an Hildegard, der mütterlichen Freundin und hochverehrten Meisterin. Ihre Zerrissenheit wird aus dem uns erhaltenen Briefwechsel[50] der beiden erschütternd deutlich. Richardis erträgt die Trennung von Hildegard letztlich nicht, zumal sie Hildegard so sehr darunter leiden sieht, erwirkt vielmehr die kirchliche Sondererlaubnis, zu Hildegard zurückkehren zu dürfen, obgleich sie bereits designierte Äbtissin von Bassum ist. Als sie alle Vorkehrungen zur Rückkehr trifft, wird sie von einer lebensgefährlichen Krankheit ergriffen, an der sie in kurzer Zeit stirbt. Hildegard, ins Herz getroffen von diesem Verlust, ist von Zweifeln und Selbstvorwürfen zerrissen, ob sie sich richtig verhalten habe. Uns Heutigen steht es gewiss nicht zu, die Schuldfrage aufzuwerfen, zumal das Gewissen damaliger Menschen von anderen Maßstäben geprägt war als das unsere, zum Beispiel von der in der Ordensregel verankerten Vorstellung des absoluten Gehorsams der Nonne gegenüber ihrer Äbtissin. Es steht uns aber wohl an, uns bewegen zu lassen von dieser Tragödie zwischen zwei Frauen, die einander viel bedeuteten. Hildegards Verzweiflung angesichts dieser Trennung macht sie menschlich und wirft ein Licht auf die innere Einsamkeit dieser außergewöhnlichen Frau.

Dies alles geschah also auf dem Boden dieses Klosters, dieser Frauenklause – wo auch immer auf diesem Gelände sie ursprünglich gestanden haben mag. Um diese Erfahrungen und Erschütterungen Hildegards und der ihr nahen Menschen zu wissen, trägt nicht wenig dazu bei, diesen Ort so beseelt zu erleben wie er ist. Fast muss ich mich losreißen, den Disibodenberg zu verlassen. Auf dem Rückweg über das Gelände kommen wir über die Grundmauer des Mönchsaals noch zu den Resten der gotischen Marienkapelle, unter der jüngst ein romanischer Vorgängerbau freigelegt wurde, und der ehemals tonnengewölbten Sakristei, von der noch eindrucksvolle Spuren zeugen. In diesem Areal, vor allem aber im Ostflügel des Kreuzganges wurden bei den jüngsten Grabungen (seit 1985) aufschlussreiche Grabplatten gefunden, darunter diejenigen von Äbten, Klerikern und Gönnern des Klosters aus dem naheländischen Adel. Berührend für mich ist die ganz neue Kunde von einer Gruppe geistlicher Frauen, Beginen, die offensichtlich zum spirituellen Umfeld des Disibodenbergs gehört hatten und deren Grabplatten im südlichen Kreuzgangflügel aufgefunden wurden, womöglich nicht weit von dem Ort, an dem die ursprüngliche Lage der Hildegardklause vermutet wird. Sechs Beginen liegen hier begraben, wie die Inschriften auf ihren Grabplatten bezeugen, sie alle stammen aus Orten, die dem Disibodenberg benachbart sind, so dass anzunehmen ist, dass sie gemeinsam der Beginenklause in Sobernheim zugehörten, deren Existenz seit 1483 bezeugt ist, einer Frauengemeinschaft, die im Sinne der Beginenbewegung auf spiritueller Basis, doch ohne verbindliche Regel zusammenlebte und sich auch wirtschaftlich gegenseitig trug und förderte. Durch die Grabplattenfunde erwies sich, dass diese Beginenklause schon 140 Jahre früher bestand, als man bisher gemeint hatte, und dass die Beginenbewegung viel weiter in die Geschichte zurückreicht, als man bisher dachte. Die Grabplatten sind schmucklos und nur mit einer lateinischen Umschrift versehen, die bei einer der Beginen namens Katharina, ins Deutsche übersetzt, so lautet:

> Im Jahr des Herrn 1345
> an den 16. Kalenden des Juni
> starb Katharina, Begine aus Sobernheim.

Ja wir müssen uns losreißen, um den Heimweg anzutreten. Es hatte nicht geregnet und regnet auch nicht, bis wir unten an dem Weingut ankommen, das die heutige Besitzerin des Geländes, die Familie von Racknitz verwaltet. Einige gute Tropfen, auf dem Boden gewachsen, auf dem Hildegard so lange gelebt hat, nehmen wir mit.

Rückblickend frage ich mich noch einmal und möchte mir bewusst machen, worauf die Beseelung, die ich an den Hildegardstätten empfunden habe, beruht, worin sie besteht.

Wieder ist eine der wichtigsten Wirkungskomponenten gewiss die Lage dieser Stätten. Auf der breiten, bewaldeten Kuppe des Disibodenbergs, umströmt von dem kleinen Fluss, der ihn von den anderen mäßig hohen Berghöhen der wald- und weinreichen Gegend trennt. Auch an der Südflanke des Disibodenbergs wächst der Wein in Fülle, ein ausgezeichneter Tropfen. Ein schöner stiller Ort ist die Kuppe dieses Bergrückens, der dennoch weiten Ausblick schenkt. Auch wenn wir nichts von Hildegard wüssten, auch wenn da nicht die markanten Ruinen eines ehemaligen Benediktiner- und Zisterzienserklosters wären, der Ort würde uns berühren wegen seiner Topographie. Es sind die mächtigen alten Bäume, Eichen vor allem und Buchen, die diese Bergkuppe in lockeren Gruppen oder einzeln stehend beleben. Ich würde hier wohl auch einmal hinaufwandern, wenn es nicht die Ruinen eines Klosters gäbe, in denen Hildegard gelebt hat, der landschaftlichen Schönheit wegen. Aber wäre der Ort dann schon in der gleichen Weise beseelt wie dadurch, dass er eine Geschichte hat? Bewegend ist hier gerade, wie das Grün, die Natur nun jene große Kultur, die mit dem Kloster verbunden war, wieder eingeholt, wieder überwachsen hat. Das Ringen zwischen dem kunstvollen, von spirituellem Geist erfüllten Mauerwerk und der natürlichen Vegetation ist hier oben geradezu dramatisch. Jede der beiden Realitäten zeigt außerordentliche Kraft. Der Ort wäre gewiss nicht so beseelt, wie ich ihn empfinde, wenn da nicht die Geschichte des Einsiedlers Disibod aus dem fernen Irland wäre, nicht die Geschichte jenes Klosters, des Benediktinerordens überhaupt, wovon die mächtige und fein gestaltete Kirche zeugt, deren Grundriss und das Fundament, vor allem an den Spuren der Apsis, noch erlebbar und erahnbar ist. Was mag in diesem Raum erklungen sein, wie mögen die Mauern geschwungen haben im immer wiederholten Tageszeitgebet der Mönche, im gregorianischen Gesang? Nahm doch eine Besucherin sogar den Duft von Weihrauch aus Wacholder und Myrrhe wahr! Das ist die Kraft der Imagination, die uns an solchen Orten überkommen kann. Was aber diesen Ort über alles andere hinaus beseelt, ist die Vorstellung, dass eine Frauengestalt wie Hildegard von Bingen hier gelebt und gewirkt hat – vorausgesetzt natürlich, dass man sich mit ihr beschäftigt hat, dass sie einem etwas bedeutet. Hier hat sie die Visionen zu Scivias gehabt, hier hat sie, den vertrauten Meister Volmar zur Seite, zehn Jahre lang an ihrem grandiosen Buch »Wisse die Wege« geschrieben. Hier hat sie die Inspiration für ihre Texte und Melodien, für ihre wunderbaren Sequenzen empfangen. Diese Vorstellung ist es, die mehr als alles andere den Disibodenberg für mich zu einem beseelten Ort macht. Gewiss gehört dazu, dass ich mir in langjährigen Studien ihrer Texte und Bilder die Gestalt und den Geist der Hildegard von Bingen vertraut gemacht habe, dazu die von Jutta, von Richardis und von Volmar.[51] Die Stätte hier belebt sich in dem Maße, als man die Menschen, die hier gelebt haben, und ihre Geschichte kennt, belebt sich mit ihrem Bild, ihrem Geist, hat sich wohl auch für die Beginen belebt, die sich in ihrem Geist hier begraben ließen. So berührt der Geist dieser Stätte auch heute noch, jenseits der Schwelle zum dritten Jahrtausend nach Christus. Am stimmigsten aber erscheint mir, dass hier das »alleredelste Grün« Hildegards selber die Reste der Klostermauern sprengt. Für Hildegard schloss diese Grünheit noch ungleich größere Dimensionen der Wirklichkeit ein und schloss sie zugleich auf. Das Grün war ihr göttliche Schöpferkraft schlechthin, göttliche Heilkraft, die Leibliches, Seelisches und Geistiges umschließt und miteinander verbindet. Mit ihrer intuitiv-prophetischen Schau des »alleredelsten Grün« wuchs Hildegard von innen her über so manche Enge der Disibodenberger Klostermauern hinaus. Für mich schwingen die Mauern dieser Stätte noch immer in den Frequenzen ihrer Musik. Wenn alle Materie verdichtete Schwingung ist, wie Hans-Peter Dürr im Geiste der neuen Physik zu bedenken gibt, dann ist vielleicht die Vorstellung erlaubt, dass auch die Steine in der Frequenz mitschwingen, die Hildegards Musik angeschlagen hat.[52]

8. *Le Celle bei Cortona, die franziskanische Einsiedelei (1211)*

Mit »Le Celle« bezeichnen die Italiener sowohl eine einzelne als auch eine kleine Ansammlung von Zellen, so wie es die franziskanische Einsiedelei von 1211 heute darstellt.

Zuerst erspähte ich eine Andeutung dieser Einsiedelei vom Berghang der hoch gelegenen toskanisch-umbrischen Stadt Cortona aus. Bis dahin hatte ich von diesem verhältnismäßig unbekannten Franziskusort nur gehört und gelesen und suchte ihn nun mit den Augen. Über die türkisgrüne Spitze einer neueren Kuppelkirche, Santa Maria Nuova hinweg suchte ich von der Ostseite Cortonas aus diese geheimnisvolle Stätte zu orten: drüben an dem über und über von Wald und Buschwerk, von Macchia bedeckten Bergrücken, der in andere Höhenzüge überging. Endlich erahnte ich diesen Ort. Hinter einer Reihe hochgewachsener Zypressen, die offenbar noch am diesseitigen Ufer wuchsen, versteckten sich am Waldrand jenseits einer Schlucht, mehr als dass sie sich zeigten, eine Reihe von Zellen, in Naturstein gebaut wie schlichte toskanische und umbrische Häuser es sind, mit den charakteristischen halbrunden Ziegeln bedeckt. Ich brauchte ein Fernglas. Wie dahin kommen? Eine Wanderung durch den glühend heißen Augusttag hätte wohl an die eineinhalb bis zwei Stunden benötigt. Zu einer anderen Jahreszeit hätte ich es angemessen gefunden, dem Ort zu Fuß entgegenzupilgern. Jetzt war es einfach zu heiß. Doch erfasste mich vom ersten Blick an die Sehnsucht, dorthin zu gelangen, fast empfand ich einen ziehenden Schmerz bei dem Gedanken, vielleicht doch nicht dorthin kommen zu können, solange ich noch in Cortona war. In Cortona gewesen zu sein, wohin mich eine Tagung der Eidgenössischen Technischen Hochschule Zürich geführt hatte, ohne Le Celle besucht zu haben, diese Vorstellung begann mich zu schmerzen. Das Wunder geschah. Zwei Niederländerinnen, von denen die eine ihr Herz an Cortona verloren hatte und die seither hier lebte, nahmen mich in ihrem Wagen gegen Abend dorthin mit. Im Abendlicht lag eine bläulich beschattete, wilde Schlucht vor uns, zu der wir zunächst auf steilen Zick-Zack-

Cortona, Le Celle, Blick auf die Gebäude und den Garten

Wegen hinunterstiegen, bis wir die Schlucht auf einer alten steinernen Brücke überqueren konnten. Drüben, von den letzten Sonnenstrahlen beleuchtet, in einem warmen, ockerfarbenen Licht lagen die eng an den Rand der Schlucht geklebten Zellen, die wie eine organisch gewachsene Gruppe, wie Bienenwaben wirkten, die über der Schlucht hingen. Wildheit und Friede zugleich lagen über diesem Ort. Der Bach, der im Winter – wie ich mir sagen ließ – anschwellen kann und dann über die Felsen hinabdonnert, war jetzt im späten August zu einem Rinnsal geworden.

Gleichwohl imponierend blieb das schroffe Gestein der Schlucht. Jetzt schienen die Wärme des Tages und die Stille zu summen. Rote und gelbe wilde Blumen, die ich nicht kannte, wuchsen aus dem Bett der Schlucht zwischen den Steinen empor und dufteten zu uns herauf.

Ein Frater, der die ältere Holländerin zu kennen schien, begrüßte uns jenseits der Brücke mit großer Herzlichkeit und ließ uns noch ein, obgleich es für die üblichen touristischen Besucher schon zu spät war. Gleich rechts des Eingangs geht es zu der ehemaligen Zelle des Franziskus, und bald standen wir im sogenannten Oratorium, dem äußerst schlichten Gebetsraum, in dem wir als Wand einen Felsblock vor uns hatten, dem man noch ansieht, dass er erst später zu einer Mauer gehauen wurde, ursprünglich wohl einen Grat gebildet hatte. Wie man an einer Öffnung hinter der Marien-Ikone noch erkennen kann, die heute hier hängt, änderte hier der Fels seine Neigung und ging steil nach oben, so dass sich ein Freiraum bildete, eine Art natürlicher Nische, die geradezu darauf zu warten schien, dass sich hier jemand niederließ, der die Einsamkeit suchte. Dies geschah, als Franziskus kam, der diesen Ort, eine Felsennische, auswählte, über der es wohl zunächst kein Dach gab. Doch hat er vielleicht noch während des Ankunftsjahres 1211, als der Winter hereinbrach, die eine oder andere Mauer gezogen und sich die kleine Zelle gebaut, die wir heute mehr oder weniger unverändert vor uns sehen. Nur über eine Steinschwelle betretbar, ist sie heute der hintere Teil des rechteckigen größeren Raumes davor, den eine schwere Balkendecke überwölbt und abschließt. Ursprünglich war dieser vordere Raum der Schlafraum für die ersten Gefährten des hl. Franz. Die überaus kleine und einfache Zelle dahinter hat noch heute eine so starke Atmosphäre, dass es für mich nicht gänzlich unbegreiflich ist, von einem Duftphänomen in dieser Zelle zu lesen, von dem bis ins siebzehnte und achtzehnte Jahrhundert hinein immer wieder berichtet wird und das die Besucher, darunter auch ein Pater Philippo Bernardi, hier erfahren haben wollen, derart, dass man »in der ehrwürdigen Zelle des hl. Franz einen Wohlgeruch habe wahrnehmen können, der jeglichen natürlichen Duft übersteigt, besonders an den hohen Feiertagen«.[53]

Cortona, Schlucht

Die Schlichtheit des Raumes atmet noch heute den Geist des frühen Franziskanertums. Ein einfacher Altar und zwei lange Holzbänke an den

Zugang zu Le Celle

beiden Wänden entlang laden hier, in dem ehemaligen Schlafraum der Brüder, zum Nachdenken, zum Gebet ein.

Als Franziskus an diesen Ort kommt, sind es erst wenige Jahre her, seit er, der um 1204 /1205 auf sein väterliches Erbe verzichtet hat, nun Aussätzige pflegt und verfallende Kapellen repariert. Drei Jahre später haben sich ihm die ersten Gefährten angeschlossen, mit denen er durch das Umland seiner Heimatstadt zieht, wobei sie gemeinsam durch ihr Leben, ihre Arbeit und ihr Gebet das Evangelium weiterzutragen versuchen, ohne es offiziell zu verkünden. Sie tun etwas von dem, was im 20. Jahrhundert dann ein Dietrich Bonhoeffer als das Angemessenste einer christlichen Existenz in unserer spröden Zeit bezeichnete, nämlich – vor aller Verkündigung und ganz unprätentiös – das »Beten und Tun des Gerechten unter den Menschen«. Doch wirkt Franz von 1210 an, als er vom Papst die Anerkennung seiner Lebensform und den Predigtauftrag erhalten hat, als apostolische Wanderprediger. Als seine Reiseroute kann man die Richtung Perugia – Cortona – Arezzo – Florenz annehmen und rekonstruieren (mit L. Wedding). Auch heute wäre diese Route Pilgerweg.

Danach kommt Franziskus im Jahre 1211 nach Cortona. Seiner Gewohnheit gemäß zieht er sich von der Tätigkeit in der Stadt immer wieder in die Einsamkeit der Zelle zurück. Er braucht dieses Refugium – wie schon Jesus immer wieder die Einsamkeit des Rückzugs in die Berge brauchte –, um wieder neu die innere Legitimation und Kraft für seine Verkündigung zu finden.

Seine Vorliebe für abgelegene Orte – vielleicht auch ein Hinweis von einheimischen Freunden, die seine Bedürfnisse kannten – mag seinen ersten Aufenthalt hier in einer höhlenartigen Felsnische an der Schlucht erklären. Wie Bonaventura betont, »wusste Franziskus die Zeit, die ihm geschenkt war, so klug einzuteilen, dass er einen Teil zur Mühe der Seelsorge am Nächsten, den anderen aber auf die Ruhe gottergebener Beschauung verwendete«.[54] Die Beschauung, das Gebet, konnte er am besten an Orten großer Stille üben, an bewaldeten Orten, bei Felsen und Schluchten. So kam es auch zu seinen Zufluchtsstätten auf dem wilden Berg La Verna mit seiner Höhe von 1283 Metern, 27 Kilometer nördlich von Arezzo gelegen, der ihm schließlich von Graf Orlando von Chiusi, dem das Gelände damals gehörte, geschenkt wurde.

Der Ort Le Celle muss ursprünglich so unwegsam, zurückgezogen und wild gewesen sein, wie es das Gelände noch heute gleich oberhalb und unterhalb der franziskanischen Gebäude ist. Womöglich hat der Ort schon vor Franziskus Le Celle geheißen, als Name für die kleinen Mühlenge-

Raum der ersten Brüder. Seitenwand

Zugang zur Franziskuszelle im Raum der ersten Brüder

bäude, die damals längs des Baches standen, um die Kraft des steil abfließenden Wassers zu nutzen. Es lässt sich vorstellen, wie es im regenreichen Herbst und auch im Winter oder gar bei Wolkenbrüchen herunterdonnert.

In der Nähe dieses wilden Wassers, seines »Bruders Wasser« also, suchte sich Franz diese Felsnische. Nach frühen Quellen hatte Franz den Bruder Silvester, der ihn einst so überaus freundlich in sein Haus aufgenommen hatte, schon als Begleiter bei sich, als er nach Cortona kam, während Guido, der später selig gesprochen wurde, sich samt einigen anderen wohl erst in Cortona dem Franziskus anschloss.

Die ersten Biographen sprechen von wiederholten Aufenthalten des Franziskus in »den Zellen«, so die franziskanischen Quellenschriften[55], so die »Legende von Perugia«[56] und der »Spiegel der Vollkommenheit«[57]. Am ausführlichsten sprechen sie von seinem Verweilen in Le Celle während seiner letzten Lebenszeit, wenige Monate vor seinem Tod, in denen er hier sein Testament geschrieben haben soll.[58] Dies zeigt wie kaum etwas anderes, was ihm dieser Ort bedeutet haben muss, dass er ihm eine innere Heimat geworden war.

Schon vom Augenblick der ersten Niederlassung an wurde auch eine kleine Kapelle erbaut, auf einer etwas höheren Ebene gelegen als die ursprünglichen Höhlen-Zellen. Die Reste dieser Kapelle befanden sich wahr-

Durchgangsraum mit Geräten und Vorratsbehältern

scheinlich am Eingang zum gegenwärtigen Speisesaal der Brüder. Als wir diesen mit dem Frater, der uns begrüßt hatte, zusammen betraten, sahen wir, dass schon gedeckt war, die Vorbereitungen für ein frugales Abendbrot schon getroffen waren und dass dementsprechend vor jedem Speiseplatz eines der Brüder eine Literflasche voll roten Weines aufgestellt war. Es tat mir ausgesprochen wohl zu sehen, dass der tägliche Tischwein des Italieners auch den Brüdern nicht vorenthalten war.

Kurz nach unserem Blick in den Speisesaal begegnete uns ein fast hundertjähriger Frater, der die eine meiner Begleiterinnen, die Holländerin, die in Cortona ansässig geworden war, bereits kannte und auf das liebevollste begrüßte, mit Tränen in den Augen. Er habe innerlich gewusst, dass wir heute kommen würden, meinte er, und brachte seine Freude darüber zum Ausdruck. Auch später in der Kapelle bemerkte ich Tränen in seinen Augen: »Er weint einfach vor Freude und vor Ergriffenheit«, sagte meine Begleiterin, »alles, was ihm begegnet, bewegt ihn tief, und er ist voll Dankbarkeit.« So weinte er, als eine kleine Touristengruppe aus Spanien das bekannte Lied der Teresa von Avila sang: »Nada te turbe« mit dem bewegenden Schluss: »Solo Dios. Basta.« Auf Deutsch: »Nichts soll dich verwirren ... Gott genügt. Basta.« Dieser uralte Frater habe mehrmals in seinem Leben auf den Spuren des hl. Franz eine Pilgerfahrt nach Rom unternommen, erzählte meine Begleiterin, immer sei er barfuß gewesen, bis ihm der Papst persönlich dieses Barfußgehen verwehrte und ihm verboten habe, es nach seinem achtzigsten Jahr noch zu praktizieren. Dieser Frater sei sein Leben lang ein rechter »Narr in Christo« gewesen. In ihren Augen und in denen der Brüder aber lebe er »heiligmäßig«.

Zu etwa acht oder manchmal auch zehn Brüdern lebten sie noch hier, erläutert der Frater, der uns führt. Jetzt träten wieder mehr junge Leute in den Orden ein als in den vergangenen Jahrzehnten. Franziskus sei wieder attraktiv geworden, gerade heute in der Phase einer rücksichtslosen neoliberalen und kapitalistischen Wirtschaftsphase, die eine so große Kluft zwischen Reich und Arm aufreiße, gerade in Italien. Franziskus sei aktuell mit seinen nonkonformistischen und radikalen Ideen, beispielsweise mit der Idee, ausgerechnet »Frau Armut« als seine Geliebte zu betrachten, vor allem aber auch mit der Vorstellung, verschwistert zu sein mit der ganzen Natur, mit Schwester Sonne, Bruder Mond, den Brüdern Wasser und Feuer, den Schwestern Luft und Erde, nicht zuletzt aber auch mit Schwester Tod. Nackt auf die nackte Erde gelegt wollte Franziskus sterben. In den Armen von Schwester Erde erwartete er seinen Tod, nachdem er in der Zelle von Cortona, wie gesagt, sein Testament gemacht hatte. Der Hundertjährige lächelt wieder und wieder, während wir sprechen, mit Tränen in den Augen, er begleitet uns bis zu dem wunderschönen Innenhof mit dem alten bogenüberwölbten Brunnen, unter dem eine lebendige Quelle sprudelt. Wir sitzen an dem Abend noch lange zusammen mit einigen der Brüder, die uns Wein und Brot anbieten, frischen Ziegenkäse dazu und Oliven, und sprechen über die Spiritualität der Franziskaner, während eine angenehme Kühle von den Bergen herabweht und die Schatten in der Schlucht sich immer mehr vertiefen.

Franziskus hatte seine Brüder aufgefordert, sich als »Pilger und Fremdlinge in dieser Welt« zu fühlen, und hatte deshalb eine ganz andere Auffassung von der Bedeutung der Klosterzelle gehabt als etwa die Benediktiner, die ihr Kloster – wie wir es auch auf dem Disibodenberg hundert Jahre früher sahen – wie einen kleinen Staat aufbauten, in dem alle Aufgaben des täglichen Lebens wohlverteilt waren und der Mönch in stabilitas loci alle Tage seines Lebens verbringen sollte: »Celle mihi coelum«, so Bernhard von Clairvaux: »Die Zelle ist mir Himmel.«

Auch für Franz gibt es die Zelle, in der die Brüder gemeinschaftlich wohnen können, doch für ihn ist sie nur »Station auf der Wanderschaft, vorläufig, provisorisch, austauschbar, ersetzbar«[59], wie es sein erster Biograph Celano beschreibt: »Immer suchte er einen verborgenen Ort auf, wo er nicht nur mit seinem Geist, sondern auch mit allen seinen Gliedern auf Gott hin gerichtet sein konnte. Wenn er plötzlich in der Öffentlichkeit ergriffen wurde, machte er sich aus seinem Mantel eine kleine Zelle, um nicht ohne Zelle zu sein. Manchmal, wenn er keinen Mantel bei sich hatte, bedeckte er wenigstens mit dem Ärmel das Gesicht, um das Verborgene Mana nicht preiszugeben.«[60] Was für ihn galt, ließ er auch für seine Gefährten gelten: »Wo wir auch sind und uns bewegen, tragen wir unsere Zelle mit uns: Bruder Leib ist die Zelle, und die Seele ist der Eremit, der darin wohnt, um zu beten und zu meditieren.«[61]

Es ist die Idee der Pilgerschaft, des Unterwegs-Seins im Dienste Gottes und der Menschen, die auch die Liebe zur Armut erklärt, die Schlichtheit der Gebäude, die in der Urzeit des Franziskanertums auch mit Sorglosigkeit im Blick auf die Behausung zusammenhing: »Die Brüder sollen sich nichts aneignen, weder Haus noch Ort noch sonst etwas.«[62]

Le Celle ist ein Ort für alle, die wohnen, als wohnten sie nicht, und die doch ein innerstes Zuhause suchen und finden wollen. Es ist auch das Zuhause derer, denen über dem Kontakt nach innen der Kontakt nach außen, zur Mitwelt und zum Mitmenschen wichtig bleibt und die die Gefahr egoistischer Spiritualität kennen und meiden möchten. Die ersten Zeugen sagen von Franziskus: »Er fürchtete, dass unter dem Vorwand, allein zu sein und sich dem Gebet zu widmen, sein Leib bloß ausruhen wolle und die Mühe scheue, durch die Welt zu ziehen und das Heil weiterzugeben ...«[63]. Wobei es dem Franziskus und den Seinen von Herzen zu gönnen gewesen wäre, auch ihren Leib einmal ausruhen zu lassen, der schließlich auch nach ihrer Sicht die Zelle der Seele ist und der sein gottgegebenes Ruhebedürfnis braucht, auch ohne den Vorwand, sich dem Gebet zu widmen.

Doch strahlt der Ort Le Celle, in dem zur Zeit etwa acht alte und junge Franziskanerbrüder leben, bis heute etwas von dem alten Geist der provisorischen Unterkunft auf der Erdenwanderung aus – zumal der Berg, an dem die Zellen kleben, immer in Bewegung ist und manchen Erdrutsch ausgelöst hat. Le Celle ist nicht für den egoistischen Rückzug da, sondern es strahlt einen Geist fröhlicher Gelöstheit und inniger Zugewandtheit aus zu allem, was lebt, und darüber hinaus den Geist der Hoffnung auf eine Vollendung über den Tod hinaus. Diese Hoffnung ging vor allem von dem fast hundertjährigen »Narren in Christo« aus, der uns mit Umarmungen und Tränen der Liebe verabschiedete. Wieder trug er keine Schuhe ...

Ergriffen und erheitert, erfüllt vom Gespräch mit den Brüdern machten wir uns auf den Heimweg über die schön geschwungene steinerne Granduca-Brücke von 1728, die seit dem Jahr 1995 restauriert ist. Wie dagegen mag Franziskus diese Schlucht überquert haben, deren Wasser doch manchmal, wie wir hören, recht reißend sein kann? Noch auf der Brücke erzählt uns der Mönch, der uns geleitet, eine legendäre Geschichte, von der die ältesten lebenden Brüder noch wissen wollen: Als am 26. Dezember 1959 ein Bruder des Konvents in Begleitung eines Freundes, den er außerhalb besucht hatte, zu den Zellen zurückkehren wollte, war es bereits so dunkel und wohl auch so vereist auf dem schmalen Zugangsweg, dass die beiden um einen Schritt den Zugang zur Brücke verfehlten und seitlich davon etwa sieben Meter tief in die Schlucht stürzten. Deren Bach führte zu allem Unglück auch noch Hochwasser. Der Mönch selber sei fast unverletzt gerettet worden, sein Begleiter, ein recht beleibter Mann, sei trotz seiner Körperfülle, die ihn schwer beweglich machte, mit ein paar Brüchen davongekommen. Ins Krankenhaus von Cortona eingeliefert, konnte er es nach nur drei Tagen wieder verlassen.

Unter dem Geleit des Erzählers verfehlten wir die Brücke natürlich nicht und stiegen wohlbehalten auf der anderen Seite der Schlucht den Hang wieder empor, auf dem Zick-Zack-Weg mit den vielen Treppen, der schon seit dem siebzehnten Jahrhundert angelegt ist, seitdem der einst bewaldete Hang gerodet wurde. Heute mündet dieser Weg direkt beim Parkplatz ein.

Der Aufstieg erlaubte aus wechselnden Perspektiven noch einmal einen Blick zurück zu den Zellen, in denen – es war noch nicht spät – bereits die Lichter erloschen, während die Sterne aufgingen. Vielleicht auch hatten sich die Brüder um diese Stunde zum Abendgebet versammelt.

Was macht das Beseelte an der Franziskus-Stätte zu Cortona aus? Auch hier ist es zweifellos die Topographie. Angeschmiegt an einen Felsen in der schmalen Talschlucht, durch die man nach Regengüssen das Wasser donnern hören kann, liegt sie da: ausgesetzt und geborgen zugleich. Der Ort »hat etwas«, auch wenn wir uns die besondere Beseelung, die er durch die Anwesenheit des hl. Franz bekommen hat, wegdächten. Schließlich hatte er als Ort ja das »besondere Etwas« schon, als Franz ihn auffand und zu seiner Zuflucht wählte, dieses »Etwas«, das Franz dazu veranlasste, sich hier niederzulassen, nahe dem Stein, der auch schützt, nahe dem donnernden oder in heißen Sommern auch nur flüsternd rinnenden Wasser. »Lebendiges Wasser« ist dies, um den biblischen Ausdruck zu gebrauchten, symbolisch bedeutet das: Strömende, dynamisch bewegte seelische Energie ist hier zu finden. Dachte auch Franz an diesen symbolischen Zusammenhang, als er sich hier niederließ, oder kommt es nur mir und manchen heutigen Zeitgenossen in den Sinn – nie kommen sie in solchen Massen hierher, wie nach Assisi! –, dass dies ein Ort sein könnte, an dem man ein solches Strömen von Energie verspürt. Neben den Wasserströmen der Natur sind es zwei große Traditionsströme, die diesen Ort zu beseelen vermögen: die Legende um den hl. Franz und – durch ihn hindurch – der noch ältere und mächtigere der biblischen Tradition selbst, die dem gottverbundenen Menschen verheißt, von seinem Leibe würden »Ströme des lebendigen Wassers fließen« (Johannes 7,38).

Nicht zu vergessen sind bei dem starken Natureindruck, den dieser Ort hinterlässt, die dichten Wälder, zu denen neben nördlichen Nadelbäumen auch südliche Gewächse wie Zypressen zählen, die bachaufwärts an beiden Seiten den Franziskusort umschließen und die sich an dem Ufer, an dem die Urklause stand und steht, weithin in die Höhe ziehen.

Was macht die Beseeltheit dieses Ortes noch zusätzlich aus? Ist es die Mönchsgemeinschaft, die seit Franziskus durch wechselnde Zeiten und wechselnde Orden bis heute hier lebt, betet und wirkt? Es sind nicht viele, aber doch Männer aus allen Altersgruppen und einige besondere darunter, wie jener Alte, der barfüßige und hellsichtige. Für mich persönlich kommt hinzu, dass es gar nicht leicht war, diesen Ort, von dem Bekannte geheimnisvoll gesprochen hatten, auch zu finden. War ich doch nicht als

Le Celle, von der alten Brücke aus gesehen

Pilgerin nach Cortona gekommen, sondern als Mitarbeiterin bei einem – allerdings auch inspirierten – Treffen, das die Eidgenössische Technische Hochschule Zürich alljährlich veranstaltet und das unter dem schönen Titel »Naturwissenschaft und die Ganzheit des Lebens« steht, ein Treffen von fortgeschrittenen Studierenden und Wissenschaftlern verschiedener Fachrichtungen, bei dem jeweils neueste naturwissenschaftliche Forschung bewusst verbunden wird mit Workshops kreativen künstlerischen und philosophischen Charakters. Allein die Teilnahme an diesem Treffen hatte mich vielseitig angeregt, aufgelockert und aufgebrochen für essentielle Erfahrungen, wobei ich über die ganzen Tage hin schon Zeit, Wege und Mittel gesucht hatte, auch jenen geheimnisumwobenen Franziskuswinkel aufzufinden, von dem man mir gesprochen hatte. Eines Abends nun fragten mich zwei von den Mitarbeiterinnen der Tagung einfach, darunter die Vermittlerin spiritueller Tänze, die Niederländerin, die in Cortona wohnhaft geworden war, ob ich nicht mitkommen wolle, sie führen mit ihrem Wagen hinüber zu den Fratres. Da waren meine Freude und Erwartung groß. Als wir dann ankamen und alles im Abendlicht vor uns lag, wurden mir der gewundene Zick-Zack-Weg hinab wie auch die alte geschwungene Brücke über die Schlucht zu weiteren Symbolen dafür, dass man aus der Alltagswelt erst hinunter- und hinüberschreiten müsse in das spirituelle Gelände der Franziskusbruderschaft, um ihren Geist und ihre Beseelung erfahren zu können.

Zur Beseelung des Ganzen trägt natürlich auch die äußere Gestalt und Gestaltung der Zellen bei, die bienenstockähnliche Bauweise, in der die heutige Klausnerei gefertigt ist. Wie in organischem Wachstum entstanden, so kuscheln sich die Gebäude aneinander und sind doch eng miteinander verbunden. Sie gehören für das Auge zusammen durch die gemeinsame bauliche Struktur, aber auch durch das einheitliche Baumaterial. Naturbelassene helle Steine aus der Gegend sind es, Steine, so wie sie die Schlucht mit sich führt und wie die Felsen rechts und links der Schlucht sie bergen. Gewiss sind sie kunstvoll behauen, ehe sie verwendet werden konnten. Dass sie zugleich so eng mit der Natur verschwistert ist, gehört zum Genius loci dieser Stätte – und entspricht damit dem Geist dessen, der mit Vögeln und Fischen zu sprechen vermochte: Franziskus.

Die untere alte Brücke

9. *Die Unterkirche von Chartres*

Es ist Eines, das bezwingend zarte, in seinen Formen schwingende Hauptschiff der gotischen Oberkirche, das »Raum-Schiff« der Kathedrale von Chartres zu betreten, und ein Anderes, deren »Unterkirche« aufzusuchen – wie sie so mancher Belastete und Kranke im Laufe der Jahrhunderte aufgesucht hat. War sie doch auch ein Spital. Während im Hauptschiff den ganzen Tag über aus- und eingegangen wird, während fast immer Touristengruppen – wenn auch oft spürbar ergriffen – den Raum durchstreifen, ist es hier unten, in der ehemaligen romanischen Basilika des Fulbertus, still. Es bedarf eines besonderen Zugangs, es muss einem aufgeschlossen werden, damit man hier Einlass findet. Schon dies bürgt für Ruhe. Kühle umfängt einen, Steingeruch, aber die Luft ist erstaunlich gut.

Chartres

Wird man von der Ostseite her eingelassen, wie unsere Gruppe jetzt, dann geht es schon vor der Türe gleich einige Stufen tiefer hinunter. Erst dann betritt man das Gewölbe, das sich wie ein Hufeisen unter den Altar in der Tiefe und den Chorraum in der Höhe legt, unterhalb des heutigen Chorumgangs in der Kathedrale, als wäre der Umgang in der Unterkirche seine tiefere Ebene, sein tieferer Resonanzboden, von dem seine Schwingungen ausgehen. Und so ist es wohl auch. Unser Begleiter, ein spirituell empfindender Mann, schlug vor, hier am Eingang ein tiefes U zu summen, das den Tiefenraum des Körpers ins Schwingen bringen könnte, den Bauch- und Beckenraum, der diesem unteren Bereich der Unterkirche im Leib der Kathedrale entspräche. So waren wir auf eine adäquate Resonanz gestimmt, als wir den Hufeisenbogen des unteren Chorumgangs durchschritten, hier und dort lange verweilend, zum Beispiel vor dem Original des Engels mit der Sonnenuhr, der sich hier befindet, während seine Replik so markant die Südostseite der Außenfassade bewacht. Freigelegte Wandmalereien werden sichtbar, sobald sich das Auge an das Dämmerlicht gewöhnt, eine nach der anderen, die Wände beginnen zu sprechen. Die Zeit öffnet sich nach rückwärts, Vergangenes drängt heran, wird zum Jetzt. Der Engel der Wandmalerei, der kritisch nach Westen blickt, meint womöglich uns, die heutigen westlichen Menschen mit unserer Orientierungsnot.

Wir durchschreiten den Gang, eine jede und ein jeder der kleinen Gruppe wird dabei wohl immer mehr zur Einzelnen, zum Einzelnen, der einmal hier, einmal da länger in einer der Seitenkapellen verweilt, nachdenklich, fast unwillkürlich in Meditation sinkend, während die Gruppe mit ihrem Begleiter schon weitergegangen ist. Doch alle finden wir wieder zusammen angesichts eines Brunnens, der in die tiefste Schicht dieses Bauwerks hineinführt und auch hineinblicken lässt, in die Erde, zu einer Quelle. Der Brunnen ist so tief, dass ich den Grund nicht sehe und nur den Tiefensog spüre, wenn ich hineinblicke, einen Tiefensog, der kein physischer ist, sondern ein psychischer angesichts der tiefen Schichten von Kultur, Religion und zeitübergreifender Spiritualität, die sich hier auftun. Solch ein Blick führt zurück bis zu dem legendären Quellheiligtum, das hier möglicherweise schon in vorchristlicher Zeit verehrt wurde, einige Funde sprechen dafür. Es führt zurück bis zu der Legende, eine vorchristliche Figur, eine keltische Muttergöttin mit Kind, sei hier, wo man sich von der Erdquelle stillen lassen könne, aufgefunden worden. Das habe die frühen christlichen Sendboten, als sie hierher gelangten, so stark beeindruckt – sie sahen darin ein vorchristliches Marienbild –, dass sie den Ort sogleich mit neuer Verehrung umgaben. Von alters her also gilt dieser Platz als ein »beseelter Ort«, bereits seine natürliche Lage wurde früh als kraftgeladen erfahren, mit unterirdischen Strömen, Mana- und Gotteskräften erfüllt.

Beim Blick in die Tiefe dieses alten Brunnens tut sich mir auch die »Tiefe der Geschichte« auf, die hier in dieser Gegend um Chartres wirkt – die Tiefe der Erfahrungsschichten von der archaischen Magie frühen Erlebens an über vorkeltische und keltische religiöse Erfahrung bis hin zu einer noch jungen, mythisch aufgefassten christlichen Glaubenswelt, die sich doch für Einzelne schon im zwölften, dreizehnten Jahrhundert zu einer mystischen Innenerfahrung hin vertiefte. Heute erleben wir es als spirituelle Schwingung, was uns beim Blick in solche Brunnen, wie hier einer steht, widerfährt und eine Tiefendimension gewinnt, die uns auch sagt, dass wir – soweit unser postmodernes Bewusstsein auch ausgewandert sein mag – doch hier auf unsere eigenen Wurzeln stoßen, hier in der Geschichte Europas, des Abendlandes. Da mag uns das Morgenland noch so viel angehen und uns vielfältig inspiriert haben, wie es schon damals die Kreuzfahrer inspirierte, wir haben doch hier unsere Wurzeln!

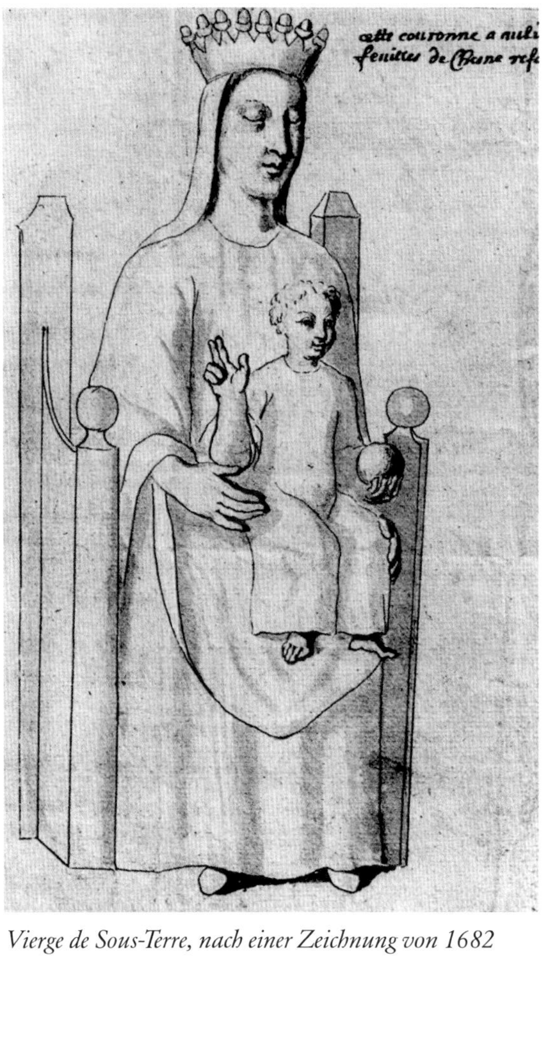
Vierge de Sous-Terre, nach einer Zeichnung von 1682

Ein Kupferstich auf dem Frontispiz des Buches »Parthénie« von Sébastian Rouillard um 1609 zeigt die bis dahin reichende Erinnerung an das Bild der Großen Mutter bei der Heiligen Grotte. Erst in der missverstandenen Aufklärungswelle der Französischen Revolution hat man die Figur aus der

Grotte geholt und – wie überliefert wird – verbrannt, wohl auch um die daran hängende Verehrung zu brechen.

Eng verbunden mit der Marienlegende ist die von dem »Brunnen des starken Ortes«, der sich neben der Mariengrotte befunden und heilkräftiges Wasser gespendet haben soll. Er wurde in Erinnerung an christliche Märtyrer an diesem Ort der »Brunnen der starken Heiligen« genannt.

Wie die Grotte der Virgo Paritura soll er den aufeinanderfolgenden Kirchen, die an diesem Ort erbaut wurden, eingegliedert worden sein und eine bedeutende Rolle in der mittelalterlichen Heilbehandlung gespielt haben. Alte Lokalchroniken berichten, dass das Volk großes Vertrauen zu den heilenden Wirkungen des Wassers aus diesem Brunnen gehabt habe. Vom 11. bis zum 13. Jahrhundert war in der Krypta ein »Hospital der Heiligen des Starken Ortes« eingerichtet. Kranke und Schwache suchten den Ort auf oder wurden über die verschiedenen Zugänge von außen und von innen in die Krypta hinabgebracht, um dort, in unmittelbarer Nähe der Mariengrotte mit dem alten Bildnis und diesem Brunnen gepflegt zu werden. Eine neun Tage währende Kur, eine sogenannte Novene, galt als der optimale Zeitraum für solch eine spirituelle Heilbehandlung.

Es gibt heute wieder Pilgergruppen, die sich ganz bewusst für neun Tage der heilenden Atmosphäre der Kathedrale als ganzer, immer wieder aber auch ihrer Krypta aussetzen. Eine Kollegin, die mit uns reiste, empfahl uns, in dünnen Sandalen oder gar barfuß zu gehen, um die prickelnde Vibration dieses heilkräftigen Bodens mitzuerleben, die sie selbst empfand.

Die Chroniken, die diese Legenden berichten, reichen allenfalls bis ins vierzehnte Jahrhundert zurück, keineswegs bis zur Gründungszeit der Kathedrale oder auch nur des Fulbertus-Baues, aber doch immerhin weit zurück in die mittelalterliche Geschichte. Im Jahre 1901 hat René Merlet jedoch tatsächlich hier einen Brunnen gefunden, den die Kanoniker im siebzehnten Jahrhundert hatten zumauern lassen, offenbar, wie er meint, damit sich »niemand mehr an die überlebten heidnischen Verehrungsformen anschließe«.[64] War wieder eine falsch verstandene Aufklärung an dieser Vermauerung schuld? Es war ein Brunnen mit noch erhaltener rechteckiger Grundplatte gewesen, ganz wie man ihn aus gallo-römischen Oppida kennt. Auch weitere gallo-römische Mauerreste fanden sich unter dem Chor. In dreiunddreißig Meter Tiefe traf Merlet noch immer auf den drei Meter hohen Wasserstand des Grundwassers. Eine belebende Vorstellung, die Kraft einer Quelle unter dieser Kirche zu wissen!

Im Dämmerlicht tasten wir uns weiter und kommen in die Halle der Unterkirche, in der vermutlich die Kranken gelegen haben. Eine lange

Note-Dame de Sous-Terre

schmale Halle ist es, auch heute noch mit erstaunlich guter Luft erfüllt, eine Halle, von der ein Seitenausgang direkt ins Freie führte und von deren Rückseite aus auch ein Ausgang in die obere Kathedrale möglich wäre. Doch niemand aus der Gruppe möchte jetzt nach oben oder ins Freie. Der Raum und seine Atmosphäre halten uns in Bann. Wo wir stehen, ist ein schlichter Altarraum neu eingerichtet worden, erfüllt von der Ausstrahlung eines hölzernen Schnitzbildes der Notre Dame de Sous terre, »Unserer Lieben Frau unter der Erde«. Ein einfaches Schnitzwerk ist es, von dem man nicht viel mehr weiß als dies, dass es ein Schnitzwerk aus warmem, braunem Holz ist und das doch unsäglich tröstend wirkt auf so viele, die, beschwert von innerer und äußerer Not und von anderswo nicht mehr heilbaren Krankheiten und Gebrechen, zu ihr hinuntersteigen: zur Notre Dame de Sous Terre, der Unterirdischen. Da sitzt sie aufrecht auf ihrem hölzernen Stuhl mit den vier stabilen Pfosten, die jeweils in einer Kugel enden, auf einem einfachen Weltenthron, der eine schlichte Ganzheit darstellt. Mit halb geschlossenen Augen ruht sie in sich, in tiefer Meditation, einer Buddhagestalt nicht unähnlich, und doch wie lauschend, nach innen und nach außen, in großer Intensität. Kein Flüstern, kein noch so leises Stöhnen bliebe ihr wohl verborgen, wenn man damit zu ihr käme – wenn man damit zu ihr kommt! So spüre und imaginiere ich. Sie trägt eine Krone auf ihrem langen glatten Haar, und ihr fließendes Haar setzt sich gleichsam fort in den fließenden Gewandfalten, die sich in Gestalt eines Halbmonds über die Brust und über den Schoß legen, ehe sie den langen Rock bilden, und die sich in parallelen Kurven über die Knie bis zu den Füßen hinabschwingen, zwischen den Knien dann wie eine steile Kaskade hinabstürzen. Zart und schmal sind ihre Hände, die mit einer unnachahmlichen Geste den kleinen Weltenkönig zugleich halten und freigeben, ihn, der die kosmische Weltkugel, Symbol eines kosmischen Selbst, in der einen Hand hält, während er die andere zum Segnen erhebt. Notre Dame de Sous Terre segnet und wirkt durch ihn, den kleinen göttlichen König. Selber thront sie in göttlicher Stille.

Teilzuhaben an dieser Stille kommen die Menschen, komme auch ich in die Unterkirche von Chartres. Nie wird diese Stille hörbarer, so paradox das klingt, als wenn hier unten Musik ertönt, so wie ich es einige Male erlebte. Einmal war es ein pilgernder Student, der hier seine Flöte erklingen ließ, ein andermal wurde ein Cello hörbar, ein drittes Mal war es die Gruppe selbst, mit der ich unterwegs war, die erst leise zu summen und schließlich zu singen begann. Als wir dann schwiegen, tönte die Stille von selber weiter. Wenn ein Licht von einer Kerze oder einer Lampe auf die

Vierge en majesté. Fresko in der Unterkirche von Chartres, Ende 12. Jh.

entsprechende Stelle fällt, erscheint an der Wand noch eine andere alte Wandmalerei, eine Mariengestalt, die ernst und wissend in unendliche Weiten blickt. Auch sie mag aufgesucht, mag angefleht worden sein von unzähligen Menschen, die hierher pilgerten, um sich in ihrem Schutze bergen zu können. Damals mag sie noch sichtbarer gewesen sein als heute, damals, als die heutige Unterkirche noch nicht so tief unter den sie umgebenden moderneren Bauten lag, wie sie heute liegt, und noch Tageslicht einließ. Die seit Jahrhunderten wachsenden Bauschichten an den Seiten der Kirche lassen sie immer tiefer eingesunken erscheinen. Ganz zu Anfang, so weiß die Legende, und warum soll sie nicht einen Wahrheitskern enthalten?, stand hier ein uraltes Bild Unserer Lieben Frau in Eichenholz, ganz nahe dem heute verschütteten Brunnen, der noch früher ein Quellheiligtum war. Als die frühen Missionare, wie schon gesagt, hier auf ein keltisches Urbild der Göttlichen Mutter mit ihrem Kind stießen, was sie nicht wenig verwunderte, gewann dieser Ort mit seinem Geheimnis auch ihre Verehrung . Sie bauten hier eine Kapelle und Jahrhunderte später entstand die Kathedrale. Noch heute kündet der Brunnen, an dem wir vorhin so lange verweilten, von der vorhandenen Quelle. Noch heute spürt, imaginiert man sie und spürt ihre Kraft. Eine Freundin, die heute in den Rollstuhl gebannt ist, schreibt mir: »L. hat mich mehrfach allein zum Brunnen in der Krypta gebracht – Heilung.«

Was trägt nun, abschließend gefragt, zur Beseelung der Unterkirche von Chartres bei? Natürlich ist es ihre Lage, direkt unterhalb des hohen Kirchenschiffs, hufeisenförmig angelegt und begehbar. Hat sie doch Teil an der Symbolik des Unten, des Tiefen, ja des Unbewussten! Ins Dämmerlicht und gelegentlich in solches Dunkel getaucht, dass man ohne Kerze oder Lampe die Orientierung verlöre, hat sie Teil an der Symbolik der Nacht, der Erdhöhle, ja des Mutterleibes. Von hier aus ist eine noch größere Tiefe erahnbar: die des Brunnens, dessen Schacht unerkennbar weit hinabreicht, und die irgendwo noch mit den Wassern des vorchristlichen Quellheiligtums verbunden sein muss, dieser heilenden Stätte, die unsere Phantasie erregt und die wir innerlich wiedererstehen lassen, denn heute ist ja die Quelle zur Kirche hin abgedichtet.

Gehört zur Erfahrung einer »Beseelung« dieser Unterkirche auch der von vielen vertretene Glaube an Erdströme – keltisch: Wuivre – oder an kosmo-terrestrische Kraftlinien und -felder[65], die sich – gleichsam mit objektiver, jedermann erfahrbarer Wirkung – hier treffen sollen? Für alle, die sich von der Wirkung solcher Erdströme und Kraftfelder überzeugen können, die sie gar sensorisch wahrzunehmen meinen, wie etliche aus unserer Gruppe auch, die auf dem Boden der Unterkirche ein Kribbeln in den Füßen zu spüren meinten, besonders wenn sie barfuß gingen, gehören zweifelsfrei auch zu den Faktoren, die solch einen Ort für sie zum beseelten machen oder, wie man in letzter Zeit gerne sagt, zu »Orten der Kraft«. Natürlich sind es auch dann Orte, von denen Kraft ausgeht, wenn man hier nicht mit kosmo-terrestrischen Kraftfeldern rechnet. Deshalb alleine schon geht Kraft von hier aus, weil hier eine jahrhundertelange Geschichte menschlicher Hingabe an Heiliges und die daraus gewonnene Heilung präsent ist, anschaulich gegeben in den herrlichen Baukörpern der Kathedrale, die die menschliche Psyche zu erheben und zu vertiefen vermögen, sodann aber auch in der nachlesbaren, berührenden Geschichte von Chartres, wo der ungeheure Einsatz der Menschen bei ihrem Kathedralbau, auch nach Zerstörungen und Brandkatastrophen, als immer wieder einsetzender, unwiderstehlicher Aufbauwille verzeichnet ist.[66] Durch historische Zeugnisse wissen wir auch, dass die Unterkirche eine Art von Spital für die Pilger gewesen ist. Dies zu erinnern, rührt an. Hier haben sie gelegen, die auf monatelanger Pilgerschaft Krankgewordenen und diejenigen auch, die wegen ihres Gebrechens überhaupt zur Pilgerschaft nach Chartres aufgebrochen sind. So eindrucksvolle Berichte hierüber gibt es aus jener Zeit, dass sie dazu anstiften, es auch heute noch mit diesem heilenden Raum zu versuchen. In der Unterkirche, die mit ihrem Dämmerlicht einer mütterlichen Höhle gleicht, die zugleich bezogen ist auf das Madonnenbild, das als Schnitzwerk und auch als Wandmalerei überall gegenwärtig ist, kann sich der Mensch aufgehoben fühlen. Mit seiner eigenen Muttersehnsucht beseelt er diesen Raum noch zusätzlich zu dem, was dieser als solcher schon an Symbolik des Mütterlichen in sich trägt. Hinzu mag Musik kommen, die den Raum erfüllt, ihn ins Schwingen bringt wie das aramäisch gesprochene und gesungene »Vater-unser«, zugleich ein »Mutter-unser« in seinen archaischen Klängen und Rhythmen, das unsere Gruppe damals in rhythmischem Schreiten sang und mitvollzog bei der kleinen gottesdienstlichen Feier, die wir hier unten gestalteten.

Will man den Körper einbeziehen und einstimmen auf den Resonanzkörper, den die Unterkirche bildet, so summe man, wie anfangs vorgeschlagen, ein langanhaltendes U. Dann schwingt auch unser eigener Ton, der in unserem Körper widerhallt, wie dieser Raum.

Abenteuerliche Spekulationen wie diejenigen, dass Templer mit geheimem Wissen diese Kathedrale erbaut hätten[67], verstärken, auch wenn sie sich historisch nicht halten lassen, unser Gespür für das Geheimnis dieses Raumes und wirken auch damit beseelend. Findet man nicht um alle Stätten der Verehrung dieser Welt herum auch wundersame Gründungs- und Baulegenden, die das Wunder umranken, dass solche Bauten mit ihrer spirituellen Architektur überhaupt entstehen konnten? Es sind dies Legenden, die das Staunen noch größer machen wollen und den Glauben an besondere Kräfte, die hier walten, noch intensivieren. Allein solcher Glaube weckt Energien, vor denen alle Skepsis in sich zusammenfällt. Wer den entsprechenden Glauben teilt, wird demgemäß – so ist unsere menschliche Psyche nun einmal ausgestattet – auch entsprechende Kräfte an sich selber erfahren können.

Was war der persönliche Anlass, der mich für die Reise nach Chartres inspirierte? Sie kam nicht zuletzt durch den Impuls einer Freundin zustande, die schon mehrere Novenen, neuntägige Aufenthalte dort mit Gruppen durchgeführt hatte, umrahmt von spirituellen Tänzen und einer stufenweisen Einführung in den Geist der Kathedrale, die ein inspirierter Führer dort zu vermitteln versteht. Nachdem diese Freundin einen Schlaganfall erlitten hatte, der sie in den Rollstuhl bannte, entschloss ich mich, bewegt von diesem Vorgang, mit ihr zusammen eine Gruppe dorthin zu begleiten. Meine Erwartung an das Erlebnis Chartres war, von ihr geweckt, dementsprechend groß geworden. Ich erhoffte, nachdem ich schon einige Male zuvor, aber damals mehr touristisch-kunsthistorisch interessiert, dort vorbeigekommen war, nun die spirituelle Qualität von Chartres zu erfahren, auch als heilende Qualität für meine halbseitig gelähmte Freundin und für die ganze Gruppe, die von diesem Vorfall sehr betroffen war. Durchlässig geworden durch die entsprechenden Erfahrungen und Erwartungen, konnte ich Chartres, vor allem auch seine Unterkirche, als so beseelt erleben wie nie zuvor. Dabei war auch meine erste Erfahrung mit Chartres, vor Jahren schon, beglückend gewesen. Ich war spätnachmittags an einem der Tage angekommen, an denen ein großes internationales Jugendtreffen wie alljährlich in dieser Kathedrale stattfand. Als ich sie eintrat, rauschte mir die Orgel entgegen und der Gesang aus so vielen jungen Kehlen brachte die Kathedrale nicht nur zum Schwingen, sondern geradezu zum Tanzen, so wie auch die Lichter, durch die westliche Farbrosette vermittelt, in der Abendsonne über die Wände der Kathedrale hin tanzten, in allen Farben des Regenbogens. So bunt wie die Farben und die Musik waren die jungen Menschen, die hier nicht nur saßen, sondern auch auf dem Boden lagerten – in größerer Zahl, als die Kirche sie eigentlich fassen konnte. Ich hatte nicht erwartet, eine Kathedrale aus dem 12. Jahrhundert so stark von heutigem Leben erfüllt zu finden, so beseelt, so vibrierend.

10. Das Labyrinth von Chartres

Es sollte einer der Höhepunkte unserer Pilgerfahrt nach Chartres werden: Morgens vor Tagesanbruch war unserer kleinen Gruppe der Zugang zu dem noch dunklen Kirchenschiff durch einen Seiteneingang geöffnet worden. Im dämmrigen Kirchenraum mussten wir zuerst die Stuhlreihen beiseite räumen, die sonst einen der kostbarsten Orte der Kathedrale verstellen: das Labyrinth.

Schwer begreifbarer Unverstand hält seit Jahrzehnten diese einzigartige Symbolfigur mit Stuhlreihen verstellt, eine Parallele zu dem Unverstand, der vor Jahrhunderten schon die weiteren Labyrinthe, die die Kathedralböden seit deren Gründungszeit noch bedeckten (zum Beispiel in Auxerre, Reims und Amiens), verschwinden ließ, zerstört hat. Kinder sollen darauf gespielt haben, wie sie es mit ihrem untrüglichen Sinn für alte Symbolfiguren, die beispielsweise auch dem Himmel- und Höllespiel zugrunde liegen, immer und überall tun. Vor allem in der Zeit der Französischen Revolution hatte man für solche überlieferten Symbole keinen Sinn mehr gehabt. Wie man damals die Glocken der Kathedrale einschmolz, wie man die alte Holzfigur der Notre Dame de Sous Terre zerstörte und die alte Quelle unter der Kirche zuschüttete, so zerstörte man auch die kupferne Mittelplatte des Labyrinths. Auch zuvor schon mochte mancher das Labyrinth-Symbol, das in die uralte Geschichte der Feldlabyrinthe in vorchristlicher Zeit zurück reicht, als eher heidnisch empfunden haben. Nicht so der Klerus, der zur Kathedrale gehörte. Noch aus dem 12. Jahrhundert ist uns ein Zeugnis überliefert, dass es ein liturgisches Ballspiel gegeben habe, verbunden mit einem Schreittanz, das um die Osterzeit von den Klerikern mit heiligem Ernst gespielt wurde. Das Labyrinth durchschreitend, warf man sich gegenseitig einen Ball zu, Symbol der Ostersonne, Symbol Christi, des Sol Invictus, dessen Sterben und Auferstehen in diesem heiligen Spiel bedacht und mitvollzogen werden sollte.

(Dazu fällt mir auch das Ballspiel aus dem frühen Mexiko ein, durch das der Frühlingssonne zu ihrem Aufstieg bis zur Sommersonnenwende

Die Kathedrale von Chartres

Innenansicht der Kathedrale

Das Labyrinth

verholfen werden sollte, indem die Menschen diesen Aufstieg rituell mitvollzogen in einem heilig-ernsten Spiel, bei dem es für die Spieler um Leben und Tod gegangen sein soll.)

An diesem Morgen aber waren wir Menschen des 20. Jahrhunderts dabei, das Labyrinth zu begehen. In unseren Ärger über den Unverstand, der ein solches Symbol mit Stühlen verstellt, und in der freudigen Erwartung, es endlich freigeräumt vor uns zu sehen, hatten wir die Stuhlreihen denkbar rasch zur Seite geschoben und jetzt lag es offen vor unseren Augen. Das Labyrinth mit seinem Durchmesser von gut 12 Metern nimmt die ganze Breite des Mittelschiffs ein. Der Mittelpunkt des Labyrinths ist, von der Mittelachse der Kathedrale aus betrachtet, ebenso weit vom Eingang im Westen entfernt wie vom Hauptaltar im Osten. Er liegt also in der Mitte zwischen beiden. Der Weg vom Eingang bis zur Mitte des Labyrinths ist ebenso weit wie der Weg von der Mitte des Labyrinths bis zum Hochaltar. Altar und Labyrinth sind also durch die Geometrie des Raumes so deutlich aufeinander bezogen, dass dieser Zusammenhang in einer bewusst gestalteten Kirche wie der von Chartres unbedingt ernst zu nehmen ist. Frank Teichmann[68] hat auf diesen Zusammenhang hingewiesen und sich von der Stimmigkeit der Maße überzeugt. Das Geschehen im Altarraum und das im Labyrinth müssen also unbedingt in einem inneren Zusammenhang stehen.

Doch zuerst zurück zu unserem eigenen Erleben dieses Labyrinths. Noch standen wir in betroffenem Staunen davor, auch die Entschlossensten von uns begannen es erst zu betreten und zu durchschreiten, als das Morgenlicht durch das Ostfenster hinter dem Altarraum brach und die Konturen des Weges sichtbarer machte, der in verschlungenen und doch rhythmischen Windungen in das Labyrinth hineinführt. Noch war Dämmerung um uns und mehr Ahnung als Gewissheit um die mögliche Bedeutsamkeit dieser Wegfigur und ihres Begehens. Es ist Eines, diese Figuration von außen, im Überblick zu betrachten und ein Anderes, wirklich hineinzugehen, hindurchzugehen in dieses geheimnisvolle System einer hin- und herschwingenden Wegführung. Zuerst versuchte ich einen gewissen Rhythmus in mein Gehen zu bringen und wunderte mich zugleich, wie rasch die Bewegung auf das Zentrum zuzuführen schien, indem ich eine Wegkurve und – nach kurzem Zurückschwingen – noch eine weitere durchschritt und diesmal zugleich noch näher zur Mitte hin gelangte. Noch hatte ich keinen sicheren Rhythmus gefunden und wunderte mich auch gar nicht, dass ich mich, der Wegführung des Labyrinths folgend, plötzlich wieder ganz außen fand. Allmählich ging es wieder mehr nach innen, bis das Mittelfeld erreicht war und der Weg sich in ihm einpendelte. Nun fand ich auch einen Rhythmus, indem ich jeweils drei volle Schritte nach vorne und einen zurück ging und damit annähernd den alten »Pilgerschritt« nachahmte, wenn auch in etwas schwungvollerem Tempo, als er vielleicht gedacht war, und von da an empfand ich mein Gehen immer mehr als gleitend, wie wenn ich Schneeschuhe unter mir hätte, und fühlte mich nach der anfänglichen Schwerfälligkeit immer leichter. Dabei wird der Weg durch die Labyrinth-Figur so bewusst geführt, dass sowohl vor der Quer- als auch vor der Längsachse des

Labyrinths jeweils gewendet werden muss und dadurch ein Kreuz innerhalb des Kreises ausgeschritten und wahrgenommen wird. Insgesamt wendet sich der Weg wieder und wieder – im ganzen dreißig Mal, wie ich nachträglich nachzähle. Beim Gehen selbst habe ich natürlich nicht mitgezählt, sondern nur erfahren, wie eine Kehre auf die nächste folgte. Es zog mir der Gedanke durch den Sinn, dass dieses Gehen in der Gleichnisfigur des Labyrinths eigentlich mit dem Durchwandern des wirklichen Lebens eng verwandt sei. Auch da folgt eine Wendung auf die andere, eine Umstellung und Neuorientierung auf die andere wird uns abverlangt. Doch habe ich diese Wendungen hier auf dem symbolischen Weg mehr als ein Hin- und Herschwingen erlebt, als einen Ausgleich der beiden Richtungen nach rechts und nach links. Auch ist der Bewegungsablauf so eingerichtet, dass er symmetrisch zum Anfangs- und zum Endpunkt liegt. Dies nahm ich vom Ende her wahr, als ich das Labyrinth durchlaufen hatte und alles im vollen Morgenlicht liegen sah. Beim Gehen selbst war ich völlig in mich versunken, auf die Wegführung und meinen eigenen Rhythmus konzentriert, und spürte mehr körperlich als dass ich es sah, wie auch die anderen Teilnehmer unserer Gruppe gelegentlich an mir vorbeikamen, so nah, wie der Weg es verlangte, so dass wir uns fast berührten. Doch da auch sie ganz in sich gekehrt liefen, kam es zu keinem Blickkontakt. Eines nur nahm ich wahr, und es bewegte mich tief, wie die Teilnehmerin unserer Gruppe, die in den Rollstuhl gebannt war, sich aus diesem erhob und in unendlicher Geduld und Sorgfalt, auf einen Stab gestützt, ihre Schritte an dem Labyrinth entlang tat. Sie hat sich nicht zurückhalten lassen, das Labyrinth zu begehen. Elf Kreise hatten wir auszuschreiten, die von außen nach innen schwingen, in rhythmischem Wechsel näher und ferner dem Zentrum liegend. Im zwölften, dem innersten Kreis, tritt man in einen Raum der Stille ein, den viele als energiegeladen empfinden. Auch ich halte lange inne, bis ich schließlich wende, um den Rückweg in die Außenwelt anzutreten. Nun nehme ich es noch einmal wahr: Würden zwei Personen gleichzeitig von innen und von außen in den Labyrinthweg eintreten, so erfolgten ihre Kehren immer an den gleichen Achsen, geradezu symmetrisch nämlich ist das Ganze angelegt. Der Labyrinthweg besteht exakt aus 365 hellen Steinplatten, zwischen denen dunklere Steine liegen. Kann diese Zahl, die Zahl der Tage eines Jahres, zufällig gesetzt sein? Dies ist kaum anzunehmen. Irgendwie muss in diesem Labyrinth auch der Jahreskreis enthalten sein. Die Sonne ist nun aufgegangen und überströmt vom Osten, vom Altarraum her das Labyrinth mit Licht. Der erste aus unserer

Gruppe – ein Priester, wie ich innerlich lächelnd registriere – hat das Labyrinth bereits durchlaufen, während ich noch in der ersten Hälfte des Rückwegs bin und immer gleitender gehe, wie in leichter Trance. Wie eigentümlich dieses Erleben ist: der Gang auf die Mitte zu, durch die vielen Windungen hindurch, sich ihr nähernd, sich wieder entfernend und doch unbeirrbar und untrüglich während des ganzen Weges schon auf die Mitte bezogen. Es ist ein Rund, das wir durchlaufen, letztlich ein Kreis, und alle die verschlungenen Windungen fügen sich zusammen zu diesem dynamisch bewegten Zirkel, zu dieser Zirkumambulation, dieser Umgehung der Mitte. Einen Kreis zu durchschreiten löst ein ganz bestimmtes symbolisches Erleben aus: in einem Runden Ganzen sich zu bewegen, in dem man zwar beim Durchschreiten den Überblick verliert, aber doch nicht die Orientierung darüber, dass man sich in einem größeren Ganzen bewegt. Der Kreis weckt die Symbolik des größeren Ganzen, eines größeren Selbst, in dem unser kleineres Ich sich bewegt, nicht wissend um den jeweiligen Ort des einzelnen Schrittes, aber doch vertrauend auf den Zusammenhang des Ganzen. Der Kreis, das Bild des größeren Selbst, ist letztlich auch ein Symbol Gottes. Auch von der starken Symbolik dieser durchschrittenen Figur her mag sich die Ergriffenheit erklären, die uns beim Durchschreiten erfasst und die wir einander ansehen, als wir uns außerhalb des Labyrinths wieder treffen. Viele von uns haben den Weg auch phasenhaft als beschwerlich, verwirrend erlebt, rangen um ihr Gleichgewicht, um ihren Rhythmus, Lebenssituationen sind ihnen eingefallen, die sich mit der Symbolik dieses Weges trafen. Sie sind nun froh, diesen Weg bestanden zu haben; durchlaufen haben ihn alle auf ihre eigene Weise. Länger als eine halbe Stunde waren wir in diesem Labyrinth unterwegs. Im vollen Sonnenlicht nun – aber noch immer früh – und die Kirche noch nicht geöffnet, tragen wir nun pflichtgemäß die Stühle wieder zusammen und rücken sie wieder an ihren dafür vorgesehenen Platz, so dass man das Labyrinth nur noch ahnt. Das persönliche Erlebnis, das eine jede, ein jeder unter uns bei diesem Durchschreiten hatte, kann uns jedoch keiner mehr nehmen, eine Art von Veränderung hat es in uns allen bewirkt.

Doch was hatten das Labyrinth und seine Begehung nun ursprünglich zu bedeuten? Als die gravierte Bronzeplatte im Mittelfeld noch da lag, was bis zur Französischen Revolution hin der Fall war, hatte man doch einen Hinweis darauf, in welchen geistigen Zusammenhang dieses Labyrinth ursprünglich gehörte. Da waren die Figuren aus dem kretischen Mythos, Theseus, Minos und Ariadne eingraviert.

Das mythische Motiv weist auf das klassische Labyrinth von Kreta zurück, das von dem großen Baumeister Dädalos seinerzeit für König Minos errichtet worden war. Wie der Mythos besagt, war dieses Labyrinth von Minotauros beherrscht, einem Mischwesen aus Mensch und Tier, das jährliche Menschenopfer verlangte, bis die befreiende Tat des Theseus das Verhängnis zu bannen vermochte, der sich am Faden der Ariadne in die Mitte des Labyrinths wagte und, nachdem er den Minotaurus besiegt hatte, wieder herausfand und alle dort Gefangenen mit befreite. Um diese Tat herum hatte sich ein Mythos gebildet, der im alten Kreta in jedem Frühjahr rituell wiederholt wurde, indem junge Menschen an einem Seil, das den Faden der Ariadne darstellte, einen Labyrinthtanz aufführten, bei dem sie sich im Sinne des Labyrinths eindrehten und wieder ausdrehten, ohne den Faden zu verlieren. Jener überlieferte Ostertanz der Kleriker von Chartres mochte ein späterer Nachfahr dieses Frühlingstanzes sein. Was hatte aber Theseus in einer Kathedrale zu suchen?

Es ist wohl keine Frage, dass die christlichen Bauleute von Chartres den kretischen Theseus, der im Minotauros den verschlingenden Tod übermannt, als einen Prototyp des todüberwindenden Christus sahen und andererseits Christus als »unseren Theseus« betrachteten, wie es eine alte Inschrift sagt.

Das Labyrinth von Chartres ist ein Osterlabyrinth, das den, der es durchschreitet, in ein rituelles Sterben und Auferstehen mit hineinzieht und dies bezogen auf den Festkreis des Jahres: »Die 365 hellen Platten wiesen unübersehbar auf den Jahreskreis hin, in den das Kreuz eingeschrieben ist; seine Steine sind zudem in 12 Kreisen ausgelegt, entsprechend den 12 Monaten; und 30 Umschwünge hat Jesus vollbringen müssen, ehe der Heilige Geist sich bleibend mit ihm verbunden hat.«[69]

Das Labyrinth wurde der Überlieferung nach auch »Jerusalem-Weg« genannt: das sollte wohl besagen, dass es einerseits den Weg beschrieb, den Christus nach Jerusalem ans Kreuz gegangen ist, den Weg der Selbsthingabe also, den der Gläubige, der den Weg durchschreitet, nachzuvollziehen sucht; dass es andererseits aber auch den Weg zum Himmlischen Jerusalem beschreibt, den Weg zur Vollendung, dessen Abbild letztlich der ganze Kirchenraum und der in ihm stattfindende Gottesdienst ist. »Was auf dem Altar im Kultus als Wandlung für alle Menschen geschah, das vollzog sich individuell bei denen, die den inneren Weg durch Tod und Auferstehung übend beschritten.«[70]

Vom Haupteingang ist das Labyrinth gleich weit entfernt wie vom Altar. Dies haben wir schon wahrgenommen. Doch was mag diese Anordnung symbolisch bedeuten? Der Weg vom Eingang zum Labyrinth und durch das Labyrinth hindurch vermochte den Menschen offenbar vorzubereiten, zu reinigen und zu wandeln und damit einzustimmen auf das, was das Geschehen am Altar noch in vertiefter Weise meinte und vollzog. Zugänge zur spirituellen Erfahrung vermag das Labyrinth demnach zu vermitteln. Beim einmaligen Begehen konnten wir dies nur ahnungsweise erfassen, doch berührt davon waren alle aus unserer Gruppe, am tiefsten diejenigen, die die schwersten eigenen Ängste oder Krankheitserfahrungen mitgebracht und eingebracht hatten und die danach bekannten, dass sich ihre Einstellung zu ihren Ängsten, ihr Umgang damit auf diesem Weg, der alles auf eine Mitte bezog, verändert habe. Als wir schließlich das Kirchenschiff durch das südöstliche Tor verließen und in das volle Licht des Sommermorgens hinaustraten, waren wir wohl alle um eine existenzielle Erfahrung reicher geworden, die auch im Alltag nicht so leicht verblassen sollte.

11. Temppeliaukio Kirkko – die Felsenkirche in Helsinki

Es ist nicht alltäglich, dass ich drei Stunden lang in einem Kirchenraum sitze, noch dazu in einem modernen, da muss schon etwas Besonderes daran sein. So war es in Temppeliaukio Kirkko, der Felsenkirche mitten in einem Wohnviertel von Finnlands kühler, aufgeräumter Hauptstadt Helsinki. Ich war gar nicht darauf gefasst gewesen, in Helsinki einen Raum zu finden, der mich so tief anrühren, so viel in mir zum Schwingen bringen würde wie dieser.

Einer Vortrags- und Seminareinladung an die Kunstindustrielle Hochschule folgend, hatte ich im Stadtführer geblättert, um mich an dem freien Vormittag noch in Helsinki umzusehen, und unversehens hatte mich eine Fotoabbildung fasziniert, samt deren Unterschrift: »Faszinierendes Spiel aus Licht und Schatten: die Felsenkirche wurde in den Granit hineingebaut.« Da flutete aus einem zwischen Felswänden und Kuppel angeordneten Lichtgaden, schmalen Scheiben, die wie Orgelpfeifen angeordnet waren, die Helligkeit in einen höhlenartigen runden Raum hinein, dessen Wände offenbar aus naturbelassenem Fels bestanden. Fächerförmig waren die Birkenbänke dem Altar an der Stirnseite zugeordnet. Mehr konnte ich an dem Foto kaum erkennen, doch es war genug, um mich dorthin auf den Weg zu bringen. Dann fand ich den Ort, den ich suchte, den Temppeliaukio-Platz, von mehrstöckigen Wohnhäusern umstellt, dessen Mitte eine der uralten, vom eiszeitlichen Packeis zugeschliffenen Granitplatten bildet, die sich hier sanft aufwölbt wie der Panzer einer Schildkröte. Jahrzehntelang war dieser Platz, wie ich nachlese, als Baugrund für eine lutherische Kirche vorgesehen gewesen, doch keiner der Architektenentwürfe hatte zu überzeugen vermocht, bis schließlich ein Architekturwettbewerb ausgeschrieben wurde, den zwei junge Finnen, Timo und Tuomo Suomalainen, zu der Zeit noch Architekturstudenten, mit dem ungewöhnlichsten aller Vorschläge gewannen, ihrer Idee, die Kirche nicht auf den als Baugrund vorgesehenen Felsen zu bauen, sondern in ihn hinein. Im Jahr 1969 schließlich hatten sie mit den Aussprengungen des Granits begonnen, bis ein tiefer, runder, höhlenartiger

Temppeliaukio Kirkko, der Felsentempel in Helsinki

Raum entstanden war, dessen Wände weitgehend naturbelassen verblieben – auch die Bohrspuren wurden beibehalten –, der aber in zwölf Metern Höhe von einer eindrucksvollen Kuppelkonstruktion überwölbt wird, die, aus Glas, Stahl und einer kupfernen Spirale gefertigt und mit Stahlbetonbalken auf den Felsen gestützt, zugleich als Rahmen der 180 Fenster dient, die zwischen Kuppel und Höhlenraum eine einzige Lichtgalerie bilden. Von außen betrachtet, wie man sie von der Straße aus sieht, gleicht diese Kuppel nun erst recht einem Schildkrötenpanzer, die auf der Glaskonstruktion des Lichtgadens wie eine behütende Kappe aufsitzt. Rundum ist die Kuppel von einem schützenden Steinwall umgeben, damit niemand beim Begehen der Felsenkuppel des Platzes über sie falle oder in sie hineintrete, auch dient dieser Wall dem Lärmschutz. Er besteht aus aufeinander geschichteten Bruchsteinen, die miteinander durch Stahlbänder verbunden sind.

Als ich durch eine Glastür von der Straße aus den Raum betrete, der den höhlenartigen Charakter mit einer lichten Weite verbindet, schätze ich seine Höhe gegen 25 Meter, also doppelt so hoch wie er wirklich ist. Und es geht auch anderen so, wie ich erfahre, dass sie sich in der Höhe dieses Raumes verschätzen. Das ist das Besondere und Berührende an diesem Raum: Er birgt einen tief im Urgestein der Erde, im mütterlichen

Die Felsenkirche in Helsinki

Urgrund, und löst damit das Gefühl einer Urgeborgenheit aus, etwas, was uns Heutigen in vielen unserer Lebensräume und auch in unserem Lebensgefühl fehlt. Doch öffnet sich der Raum zugleich dem Einströmen des Lichtes unter dem weiten Kuppeldach, das ebenfalls durch einen milden Kupferschimmer – dem Metall der Venus – und durch die spiralige Form, die der Kupferdraht, der die Kuppel verkleidet, angenommen hat, etwas Warmes, Schwingendes, sich Auffaltendes und doch Beschützendes bekommt und ausstrahlt. Die mit einem Kupferpaneel verschalte Empore im Hintergrund der Kirche nimmt den rötlichen Schimmer noch einmal auf und intensiviert ihn. Die Wände wurden sowohl aus ästhetischen wie auch aus akustischen Gründen überall in ihrer Rauheit belassen. Es ist nicht nur eine Steinart, wie es beim ersten Anblick schien, aus der sich diese Wände zusammensetzen, sondern hier wirken verschiedenartige Steinsorten in ihren Farbnuancen zusammen, was zur Lebendigkeit des Eindrucks noch beiträgt. Die Gesteinsflächen werden zusätzlich durch Wasser belebt. Tatsächlich, ich überzeuge mich, rinnt an einigen Stellen der naturbelassenen Innenwände das Wasser herunter, das das natürliche Gestein hier mit sich führt, und wird – als könnte es nicht anders sein – von hierfür vorgesehenen

Rinnen am Boden aufgefangen und weitergeleitet. Die Höhe der Wände beträgt in dem zum Altarraum hin aufsteigenden Kuppelbau fünf bis neun Meter. Der Altar-Raum besteht übrigens aus einem eiszeitlichen Felsenriss. Dies alles gehört zum Konzept dieses ungewöhnlichen Baus. Und es löst ein unmittelbares Erlebnis der Zusammengehörigkeit von natürlichem und spirituellem Geschehen aus. Hier regiert die Natur, die Schöpfung und damit die mütterliche Seite Gottes, in die der Mensch schlicht eingebettet ist. Hier ist Gestalt geworden, was das ökumenische Programm von der »Bewahrung der Schöpfung« meint, in solchen Räumen lässt sich überzeugend davon sprechen. Ein Gegenentwurf, ein Gegengewicht ist dies gegen so viele himmelstürmende hybride Bauten des heutigen Menschen, gegen seine babylonischen Türme, die sich auch im Kirchenbau finden und deren es auch Helsinki nicht mangelt, auch wenn diese Stadt mehr als andere Metropolen in ihrer Architektur ein gutes menschliches Maß zu bewahren sucht. Kein Wunder, dass dieser Raum, die Temppeliaukio-Kirkko, in dem die Natur feiert, zur beliebtesten Hochzeitskirche der jungen Leute geworden ist.

Wieviel ist in den letzten Jahrzehnten von der »weiblichen Seite Gottes« gesprochen worden, wie nötig erscheint die Erfahrbarkeit dieser Seite, die Geborgenheit und das Erleben des Göttlichen im Zeichen des Mutterarchetyps einschließt! Und doch lässt sich dies in keiner Weise »machen«, bewirken, es sei denn, es stünden uns Räume zur Verfügung, in denen sich dies bereits vom Raumerleben her ereignen kann. Seit Le Corbusiers Ronchamp ist der Höhlencharakter für die Kirchen der Moderne und wohl auch noch der Postmoderne angezeigt, obgleich Ronchamp noch einen Hügel krönt, einer Landschaft als Wahrzeichen dient, während Temppeliaukio-Kirkko in die Erde eintaucht. Unter der Erde, in den Katakomben, in der Nähe der Ahnen und der Toten waren die frühen Kultstätten der Kirchen und der Christen, inkognito fast, geschützt vor Missverständnissen und vor Verfolgern. Unter der Erde, nicht inkognito, aber doch zurückhaltend, nicht als weithin leuchtendes Wahrzeichen, sondern eher als verborgener Schatz in der Tiefe wirkt die unterirdische Kirche von Temppeliaukio. Verwunderlich oder auch nicht, dass auch dem Gedächtnis der Toten oder überhaupt dem Gedenken an liebe und wichtige Menschen hier ein Ort gegeben ist, wie sonst nur in katholischen Kirchen, nämlich eine Stellwand direkt am Fels, die zum Aufstellen und Anzünden von Gedenkkerzen dient, so dass auch hier eine Wand mit lebendigen Lichtern entstanden ist, von all den Besuchern immer neu entzündet ein lebendig beseelter Raum im Raum, ein Ort der lebendigen Seelen, so wie es mir in den katholischen Kirchen immer erscheint, wo ich es nie unterlasse, eine Kerze aufzustellen im Gedenken an geliebte, unvergessene Menschen. In gewisser Weise manifestiert sich an dieser Stelle, an diesem Kerzenwinkel für mich immer wieder die Seele eines sakralen Raumes als solche, als wäre sie hier in besonderer Weise präsent.

Mit welcher Begründung die lutherische Gemeinde, zu der Temppeliaukio gehört, diese Kerzenwand einführte und anbrachte, die ich sonst noch in keiner lutherischen Kirche fand, ist mir unbekannt, ich habe auch keine Hinweise dafür und darüber gefunden, doch ist es für mich auch irrelevant, mit welcher Begründung diese Wand eingerichtet wurde. Für mich ist sie als symbolische Geste einfach stimmig. In eine Felsenkirche, in eine göttliche Höhle gehören Kerzen, Lichter, die auch unabhängig vom Sonnenlicht brennen, zumal die langen finnischen Winter das Sonnenlicht lange genug entbehren. Diese Lichter des Gedenkens sind gewissermaßen auch zeitlose Ewige Lichter. Auch das Rund des Raumes, der Rundbau überhaupt spricht etwas Besonderes an, das kein Längsbau erreicht. Betont doch der Längsbau den Weg, den langen Anweg zu einem Ziel, auf das es ankommt, und meist geht es dabei bei den christlichen Kirchen noch ausdrücklich über einen Kreuzungspunkt mit dem Querschiff,

Temppeliaukio Kirkko. Altar

Felsentempel. Wand mit Kerzen

über das Kreuz also hinweg, beziehungsweise durch das Kreuz hindurch. Der Rundbau dagegen betont nicht den Weg, die Entwicklung, sondern das Dasein, das Sein in der Mitte, das Sein selbst. Kennt jeder Längsbau ein Hinten und ein Vorne, eine gewisse Hierarchie, so der Zentralbau eine Zusammengehörigkeit um ein Zentrum herum. Gewiss, auch in Temppeliaukio-Kirkko stehen Altar und Kanzel – übrigens beide auch aus schön geformtem Stein – an der Stirnseite nahe der Felswand, doch wirken die im Halbrund um ihn angeordneten Bänke aus Birke demokratisch, nicht hierarchisch. Die Kreisform betont allemal die Zusammengehörigkeit aller, die der Kreis umfasst. Der Kreis selber ist ein uraltes Ganzheitssymbol und als solches zugleich auch ein Gottessymbol, ein Symbol eben für »das Sein selbst« (Tillich). Transzendenz in der Immanenz könnte die Formel für den spirituellen Ausdruck des Rundbaus lauten. Und die Einbettung in die Tiefe der Erde und ihr Urgestein im Gegensatz zu den himmelstürmenden Bauten entspricht Paul Tillichs Vergleichsbild für heutige Transzendenzerfahrung, wenn er sagt: »In der Tiefe ist Wahrheit«, so wie es auch der Traum einer Zeitgenossin ausdrückt, die sich in einem Kirchenraum auf durchsichtigem Boden gehen sieht, von dem her ein Licht heraufstrahlt, aus dem ein Delphin auf sie zuschwimmt. Ein Bild, das sie sehr ergreift! Und das auch über seine Bedeutung für die Träumerin hinaus uns, ihren Zeitgenossen, etwas sagen kann.

Seit ich den Raum betrat, übte ein junger Chor für den Pfingstgottesdienst. Sofort fiel mir die hervorragende Akustik des Raumes auf, die nicht zuletzt auch auf der Rauheit der Wände und natürlich auf der gesamten Raumgestaltung beruht. Altes und Neues wurde da geprobt: Bach'sche Kantaten neben Sätzen von Arvo Päärt, volksliedhaft Finnisches und Reformatorisches. Ich blieb auf meinem Platz, berührt von dem klingenden Raum, als sich die Kirche zum Pfingstgottesdienst füllte mit Menschen aller Schichten und Altersgruppen. Die anheimelnden, stimmigen Proportionen des Raumes ließen die Weite des Raumes angemessen und nicht übermäßig erscheinen, dabei hat der Kirchenraum doch ein Volumen von 11000 Kubikmeter und bietet 750 Personen Platz.

Der Pastor singt die Liturgie, die Pastorin predigt warmherzig, lebendig – ich verstehe kein Wort Finnisch, weiß aber natürlich, dass sie über die Pfingstgeschichte spricht. Wenn man kein Wort der fremden Sprache versteht, spürt man umso stärker, wie dominant das Verbale in einem evangelisch-lutherischen Gottesdienst ist, wie sparsam die Gesten sind. Immerhin tragen Pastor und Pastorin farblich schön gestaltete, moderne liturgische Gewänder. Gäbe es nicht die Musik, bliebe die wundervolle Ausdruckskraft des Räumlichen, dieser starke Resonanzboden für alles, was in ihm geschieht, in diesem Gottesdienst nahezu ungenutzt. Aber auch das Wort tönt und spricht anders in diesem Raum.

Nun aber dringt die wundersame Kraft des Pfingstgeschehens mit den »feurigen Zungen«, die mich auch auf Finnisch berühren, ein in die erdhafte Geborgenheit wie das Sonnenlicht, das auf einmal die Altarwand, diesen eiszeitlichen Felsenriss, mit Lichtfülle überflutet und den Pfingst-Sonntag tatsächlich zu einem der ersten Sonntage macht, an denen in diesem Jahr im wolkigen Finnland die Sonne durchbricht. Nun flutet sie durch den Lichtgaden in den Kirchenraum und spielt über den kontrastreichen Felsenwänden, die auf einmal in all ihren Farbnuancen aufleuchten, rötlich, grünlich, bräunlich und sogar bläulich – im ganzen Spektrum der Erdfarben, der Erde, zu der wir Fühlung aufnehmen müssen, damit uns das Feuer von oben erreichen kann, das geerdete Antennen braucht, nicht um uns zu entwurzeln oder gar zu entrücken ist es da. Lange noch durchschreite ich den Raum, diesen weiten schwingenden Kreis, als der Gottesdienst schon zu Ende gekommen ist, während die Orgel die herausströmenden Besucher noch begleitet, und habe das Bedürfnis, im Rhythmus zu gehen, einem Rhythmus, der sich auch zum liturgischen Tanz gestalten könnte, zur uralten Ausdrucksform aller erdverbundenen Spiritualität.

Aus dem Abstand einiger Wochen heraus möchte ich noch einmal bedenken, was die Beseelung der Temppeliaukio-Kirche für mich ausmachte. Zuerst ist es auch hier wieder die Lage gewesen: mitten im Wohngebiet, im Zentrum eines weiten, von mehrstöckigen Wohnhäusern umstellten Platzes, also inmitten der hier wohnenden Gemeinde – aber unter der Erde, nein genauer, im Inneren eines Granitfelsens, wirklichen Urgesteins. Die Kirche im Urgestein gewinnt damit für mich Anteil an der »Seele« des Urgesteins, beseelt das Urgestein andererseits auch mit ihrem Geist, teilt aber vor allem die Erfahrung, die wohl allen frühen Menschheitskulten seit der Megalithzeit eigen ist, dass in der Höhle und in der Höhle nachgestalteten Kult- und Grabstätten – wie schließlich schon in den Steinen selbst – das Ewige, das Heilige, die Fruchtbarkeit der Erde und der Ahnen verehrt werden könne.

Diese lutherische Kirche gliedert sich damit bescheiden ein in die Kulte aus aller Welt, die mit der Erdhöhle auch den Raum des Mütterlichen meinen und als göttlich verehren. Zur Beseelung dieses Ortes gehört für mich alles – es schließt sich hier zur Assoziationskette zusammen –, was ich an Höhlen, heiligen Grotten und heiligen Steinen im Lauf meines Lebens gesehen, erlebt, worüber ich auch gelesen habe. Das reicht vom Geheimnis natürlicher Tropfsteinhöhlen bis zu den Räumen der Höhlenmalerei, vom Hypogäum auf Malta, von den Katakomben bis hin zum Felsengrab Christi in Jerusalem, das mir viel mehr das spirituelle Erleben einer Auferstehung vermittelt hat als die Grabeskirche; es bezieht aber auch das wunderbare moderne Bauwerk, den »Schrein des Buches« in Jerusalem ein, wo die Funde vom Toten Meer, die Scherben mit den ältesten Bibeltexten aufbewahrt werden. Nicht zuletzt gehört dazu, was ich vom Granit, einer der ältesten und härtesten Gesteinsarten überhaupt, weiß, wie ich ihn gesehen, befühlt und betastet habe. Eingesprengt in dieses Urgestein wurde der Raum für die Kirche. Wie ein unterirdischer Bunker, jedoch ein lichtoffener, wie eine schützende Zufluchtstätte inmitten des Wohngeländes erscheint er, wie eine »feste Burg«, ein Bildwort aus den Psalmen, das auch Luther in seinem bekannten Lied für das Bergende in Gott gebraucht. Zu dem Burgcharakter trägt nicht zuletzt der Steinwall bei, der

Temppeliaukio Kirkko. Wände

oben um das Kuppeldach und dessen Lichtgaden gelegt ist. Die Beseelung des Innenraums rührt neben der Form vor allem von den naturbelassenen Felsenwänden her, deren herrliches nuancenreiches Farbenspiel allerdings nur durch das Licht erfahrbar wird, das durch den breiten, rundum geführten Lichtgaden von oben her eingelassen wird. Auch das hie und da aus dem Felsen austretende Wasser, das leise herabsickert und im Raum aufgefangen wird, ist nur im Licht erkennbar und bewirkt ein besonderes Farbenspiel. Beseelt ist dieser Raum aber auch dadurch, dass er bewohnbar und bewohnt ist durch einen lebendig vollzogenen Gottesdienst, durch Altar, Kanzel und Taufstein, alles stimmig in Naturstein gestaltet, aber auch durch die Bänke aus Birkenholz, die sich mit Menschen füllen – überhaupt durch die reiche Symbolik einer christlichen Kirche. Als eine Bachkantate erklingt, gefolgt von einem Lied aus der Reformationszeit und dann von einem volksliedartigen finnischen Gesang, da spüre ich, dass es mehr ist als nur der Ort, was diesen Raum beseelt, dass es die Musik ist, die den Raum ins Schwingen bringt, wie natürlich die Menschen, die diese Lieder singen und die Orgel erklingen lassen. Das Finnische ist übrigens, wie mir hier erst deutlich wird, durch die Übersetzung der Bibel ins Finnische zur Schriftsprache, zur Hochsprache geworden, und dies geschah, wie bei der Entwicklung des Deutschen zur Schriftsprache, schon zur Zeit der Reformation; hier in Finnland durch Luthers Mitstreiter Agricola. Die gesungenen Stücke der lutherischen Liturgie, mir von Kindheit an vertraut, wenn hier auch auf Finnisch, tragen eine weitere Qualität der Beseelung in diesen Raum hinein, der sich mit Menschen aller Altersstufen gefüllt hat, die die Liturgie korrespondierend mitsingen; der liturgischen Form nach ist es die alte »Deutsche Messe«. Die Beseelung des Raumes geschieht hier auch durch die Kindheitserinnerung. Ein Heimischsein stellt sich ein, auch wenn ich kein Wort der Predigt verstehe, die immerhin von einer Frau gehalten wird, einer finnischen Pfarrerin im festlichen weißen Ornat mit roter Stola. Auch Farben beseelen.

Die symbolischen Elemente sprechen gerade in einer fremdartigen Umgebung, die das Verbale zurücktreten lässt, umso deutlicher. Zu ihnen gehört vor allem die Symbolik der Steine als solcher – auch im Altarstein, im Taufstein –, die das Zeitüberdauernde, Unzerstörbare im Stein hervorhebt, den festen Grund, den Halt, die Basis. Auch das kupferne, mild schimmernde Dach, das auf der Innenseite mit einer einzigen Spirale aus Kupferdraht verkleidet ist, birgt starke Symbolik in sich: Entwicklung, Entfaltung, Entrollung des Lebens, Dynamik und Schutz zugleich, beides miteinander verbunden.

Als ich das Erlebnis der Felsenkirche in mir bedenke, klingen noch lange die Bibelworte in mir nach, die der architektonischen Idee des Raumes und seiner Funktion zugrunde liegen:

> »Auch legt man die Hand an die Felsen
> und gräbt die Berge von Grund aus um.
> Man bricht Stollen durch die Felsen
> und alles, was kostbar ist, sieht das Auge.
> Man wehrt dem Tröpfeln des Wassers
> und bringt, was verborgen ist, ans Licht.«[71]

12. *Insel Kalö – Kleinod der finnischen Ostseeschären*

Drei Fährenstunden weit in der Ostsee draußen liegt eine der äußeren Schäreninseln, Kalö, zwei Quadratkilometer groß. Sie gehört zu dem Archipel der tausend Inseln, die dem südlichen Finnland vorgelagert sind.[72] Nur auf Spezialkarten kann man sie finden, so klein ist sie. Die lange Anfahrt gehört zum Erlebnis dieser Insel. Vom modernen Helsinki aus per Bahn zunächst zur alten früheren Hauptstadt Finnlands, nach Turku, wo man am besten übernachtet, vielleicht wie wir in einem der letzten alten Holzhäuser dieser Stadt, von denen sie so viele hatte, ehe sie niederbrannte. Von Turku aus geht es dann per Bus weiter, etwa zweieinhalb Stunden lang über die inneren Schäreninseln des Archipels: Wälder, Wasser und wieder Wälder, ochsenblutrote Holzhäuser, jedes von ihnen an den Hausecken und Fensterrahmen sorgfältig weiß umrahmt, wenige Kühe, einige Weiden und Felder, dann wieder Wald, rote Holzhäuser, oft tief im Grün versteckt, lichter Wald aus Birke – schließlich Brücken, kleinere und größere Fähren, die die Inseln untereinander verbinden. So geht das Stunde um Stunde. Endlich sind wir an die Umsteigestation vom Bus auf die kleine Fähre gelangt, die uns zum äußeren Archipel hinaustragen wird. Ein kleines Vehikel, auf dem zur Not allenfalls zwei Autos Platz hätten, sofern der Platz nicht wie heute schon mit Brettern und Fensterrahmen ausgefüllt ist, Baumaterialien für Reparaturen, die irgendeiner da draußen auf den winzigen Inseln zur Ausbesserung seines Holzhäuschens oder für einen Anbau benötigt.

Bei dem kurzen Aufenthalt haben wir noch Einkäufe getätigt. Was braucht man alles für den Aufenthalt auf einer zwei Quadratkilometer großen Insel, auf der es keinen Laden gibt, höchstens sechs oder acht Häuser? Kartoffeln jedenfalls, Tomaten, Gemüse, Kaffee und Milch, Käse, Salz, Mehl und Fischkonserven nehmen wir mit. Auch neue Ruder fürs Ruderboot wird es dort nicht geben und sie sind doch nötig, nachdem ein Ruder offenbar Schaden nahm. Vor kurzem erst passierte das, als meine finnische Begleiterin, mit ihm eine Kreuzotter erschlug, die sich schon aufzurichten begann, mitten in der Wohnstube, als man nach dem Winter, während dem es abgeschlossen gewesen war, zum ersten Mal wieder das Häuschen betrat.

Ein Tabubruch sei dies für sie, die Tierfreundin, gewesen, so versichert sie glaubwürdig, krank sei sie daraufhin geworden, ein paar Tage lang. Aber notwendig sei es gewesen, unerbittlich notwendig. Denn eine Kreuzotter, die in einem Haus überwintert hat, betrachtet dieses Haus als ihre Wohnstätte und geht darin aus und ein, kommt immer wieder. Wenn sie das Haus bewohnt, ist es für Menschen allerdings lebensgefährlich, dort zu sein. Schon durch dieses Beispiel war uns dieses Unerbittliche, das die Nähe zur ursprünglichen Natur mit sich bringt, hautnahe gerückt. Da geht es manchmal um das uralte Gesetz, ob du oder ich am Leben bleiben, es geht manchmal nicht ab, ohne töten zu müssen. Schon einmal vor Jahren, als ihre Kinder noch sehr klein waren, haben meine finnischen Freunde eine Schlange erschlagen müssen, die den ahnungslos spielenden Kleinen zu nahe kam. Die Schlangen, alle Arten, auch die dem Menschen gefährlichen, sind in Finnland geschützt, stehen unter strengem Artenschutz. Eine von ihnen mutwillig zu töten, kostet 1000 Finnmark. Wer freilich könnte dies kontrollieren an Orten, die Aberstunden weit draußen in der See liegen, aber wer schon würde sie mutwillig töten? Viel besser geschützt als durch das Gesetz sind die Schlangen hier durch den Respekt, ja die Ehrfurcht, die viele Menschen des Nordens von alters her vor ihnen haben, auch meine Freunde hier. So manche Schlange wurde wie ein schützender Hausgeist gehalten, genährt und verehrt, nur die Kreuzotter eignet sich eben nicht hierzu.

So steigen wir denn in Värkan, der Schiffsstation auf Korpo, ein, die neuen Ruder geschultert, mit all den Nahrungsmitteln in den Taschen und Schachteln, machen den großen Schritt vom Kai auf die kleine Fähre, vier oder fünf Passagiere im ganzen, bis sie sich langsam in Bewegung setzt, dreht und ihre Fahrt zwischen all den bewaldeten inneren Schäreninseln hindurch beginnt. Zunächst wirkt die Durchfahrt nicht anders als ein sehr breiter Fluss. Wälder rechts und links, Birken, Föhren, Erlen, Espen, wieder ochsenblutrote Häuschen, die aus dem Grün leuchten, mal ein Boot am Strand, mal ein hölzerner Landungssteg in der Nähe, dann wieder Wald. Doch immer mächtiger wird das Wasser zwischen den Inseln, die Weite, es sprengt allmählich den Eindruck, nur auf einem breiten Fluss zu fahren, der Fluss wird zum Meer. Zwei Stunden etwa sind wir schon auf der kleinen Fähre unterwegs, während die Inseln immer kahler werden, nackter und mit ihren abgerundeten grauen Küsten den geschwungenen

Steine im Meer

Rücken riesiger Elefanten, gewaltiger Wale gleichen. Die Gletschermassen der Eiszeit sind über die Granitfelsen, die heute die Inseln bilden, hinweggeglitten, haben sie zugeschliffen, haben die Formen hier weich gemacht, so hart das Gestein selber auch ist. Wir haben eine Endmoräne der Eiszeit vor uns, das Land hat sich gehoben und hebt sich immer noch, seitdem das Eis schmilzt. So haben sich diese Inseln im Laufe der Jahrmillionen gebildet. Und sie bilden und verändern sich noch immer, denn noch immer schmilzt das Eis, noch immer hebt sich das Land. Wenige Male legen wir an. Drei Häuser, fünf Häuser bilden jeweils den ganzen Ort. Die Fensterrahmen werden von einem kleinen Kran quietschend entladen. Einige Kinder am Ufer sehen zu, die anderen beiden Passagiere außer uns steigen hier bereits aus. Allein mit dem befreundeten Ehepaar und den beiden Bootsleuten geht es nun hinaus in die immer offenere See, auf die sich das Mittagslicht ergießt, bis weithin alles in Silber getaucht scheint. Mehr als drei Fahrstunden auf der Fähre haben wir schon hinter uns, als auf einmal eine Insel auftaucht, die wir als unsere Insel erkennen. Wie der schmale Rücken eines langen Fisches wird sie allmählich am Horizont immer deutlicher erkennbar, zunächst noch wie mit den kleinen Nachbarinseln verwachsen, erst beim Näherkommen wird ihr eigener Umriss

Inselhäuser auf Kalö

sichtbar, eine felsige Erhöhung am einen Ende – waldig, lichtes Gelände in der Mitte, und an dem anderen Ende, auf das wir zusteuern, scharf an einer nahen winzigen Nachbarinsel vorbei, schließlich der einfache hölzerne Brettersteg, an dem wir anlegen. Nichts weiter ist da als eine kleine blaue Tafel mit dem Namen der Insel: Kalö. Nichts weiter, kein Schuppen, kein Haus, keine Sitzbank. Doch, etwas, was ich fast übersehen hätte, ist vorhanden: ein Briefkasten. Die Post vom letzten Sommer vor einem Jahr kann hier abgeholt werden, sicher verwahrt in dem Blechkasten. Einen Briefträger, der sie inzwischen abgeholt hätte, gibt es natürlich nicht. So fallen wir aus der Zeit. Die Ansprüche und Erwartungen derer, die eilige Post senden und erhoffen, fallen nun von uns ab, wir sind freigegeben an eine Gegenwart, in der nur gilt da zu sein, einfach zu sein.

Da stehen wir mit all unserem Gepäck, mit den Schachteln voller Lebensmittel. Das Haus ist 15 bis 20 Minuten weit entfernt, da ist kein Weg, eine Straße schon gar nicht, allenfalls ein Trampelpfad durch das hüfthohe Gras. Da lässt es sich gehen, doch man braucht Stiefel wegen der Schlangen, darauf bestehen meine erfahrenen Freunde, Schlangen, die sich vornehmlich im hohen Gras verbergen und keinesfalls nur an den Knöcheln zubeißen, wenn sie es tun. Das Schlangenthema, das ich bis dahin eher spannend als gefährlich fand, wird von meinem Gastgeber doch sehr ernst genommen, wie ich merke. Da er relativ hohe Schuhe trägt, geht er voraus und holt seinen Kahn, bringt Stiefel für uns alle mit und lädt das Gepäck ins Ruderboot, nachdem er die neuen Ruder befestigt hat.

Wir zwei Frauen passen nicht mehr hinein in das kleine Boot, so gehen wir den Pfad entlang, um den herum auch ein bisschen abgemäht ist, zwischen Birken, Weiden, Vogelbeerbäumen und Wacholder hindurch und entdecken in dieser frühen Juni-Zeit weiße, gelbe und violette wilde Blumengruppen, die sich überraschend zwischen den Bäumen ausbreiten, darunter Butterblumen, weißblühender Kerbel, Schlüsselblumen, Sumpfdotterblumen und die Viola tricolor, das Bergstiefmütterchen. Vogelrufe erfüllen die Luft, Seevögel, aber auch der Wachtelkönig und sogar die Nachtigall, die hier am hellichten Tage singt. Es ist erst wenige Tage nach Pfingsten und am Bodensee isst man derweil schon Kirschen, während hier einige der wilden Kirschbäume, die sich zwischen dem lockeren Birkenbestand finden, soeben erst schüchtern und zugleich festlich zu blühen beginnen. Überall blitzt das Meer zwischen den Stämmen hindurch. Als sich der lichte Wald endlich öffnet, stehen wir vor einem anrührenden Ambiente. Vom etwas höher gelegenen Pfad kommend, öffnet sich vor uns das Gelände zu einer Wiesenmulde, in die vier rostrote Holzhäuser samt einigen Schuppen locker eingestreut sind. Davor weiden Kühe. Während am Hang gegenüber das Gelände mit grauem, elefantenbuckligem Gestein sanft wieder ansteigt, öffnet es sich nach rechts direkt zum Meer hin wie eine geöffnete Muschel.

Unser Mann mit dem Boot ist schon da, hat schon begonnen es zu entladen. Nun packen auch wir Frauen zu. Bei unseren Gängen vom Boot zum Haus und zurück sehe ich auch die tote Schlange liegen, die Irma erschlagen hat. Groß ist sie nicht, doch deutlich ihre Zeichnung, eine Kreuzotter also, künftig kenne ich sie. Was soll ich denn nun tun, wenn ich einer begegne?, frage ich, nun doch etwas aufgeschreckt. »Weitergehen«, lachen meine Freunde, »sie greifen doch nicht an und im Haus sind sie gewiss nicht mehr. Auch ist es eigentlich noch zu kalt für sie. Sie sind ganz träge und unbeholfen, wenn sie eben aus dem Winterschlaf erwachen. Man kann gut mit ihnen auskommen.« Soso, denke ich und beziehe ein urgemütliches Kämmerchen im Holzhaus, das an die Stube mit dem Steinofen grenzt, aus dem in Kürze wohlige Wärme ausstrahlen wird. Denn kühl ist es im Juni auf Kalö, kurz vor der Sommersonnenwende, zwar sonnig, aber dabei windig, mit quicklebendigen Wolken, so wie es zum Meer gehört. Am Nachmittag geht's auf den Spuren von Elchen zur höchsten Erhebung der Insel, durch hüfthohes Farnkraut zwischen weißen Birkenstämmen, Erlen und Zitterpappeln hindurch, durch Moose und würzige Kräuter, den gletschergeschliffenen Fels hinan, auf dem die Gummisohlen der Stiefel seltsam gut haften – wenn nur kein Regenguss kommt aus den immer gegenwärtigen Wolkenbänken! – und auf dem wir nun allmählich in Zickzacklinie emporsteigen müssen, weil der Hügel doch hoch ist, seiner weichen Rundung zum Trotz. Hier blühen Moose in Weiß und in Rostrot, auch Heidenelken und Honigorchus dazwischen, und die Seevögel umkreisen uns. Es gibt eine Art unter ihnen, Tiira genannt, die angreift, wenn man ihren Nestern zu nahe kommt, doch wittern sie hier wohl von unserer Seite her noch keine Gefahr. Doch nötigt es Respekt ab, ist nicht ganz harmlos. Es gefällt mir aber auch, zu spüren, dass die Natur mit ihren lebendigen Wesen hier die Regie behält und sich nicht vom Menschen dominieren lässt. Sie weiß sich zu wehren und erwartet oder ertrotzt die Achtsamkeit des Menschen, die dieser, wie ich beobachte, auch gibt und übt, wenn er hier draußen auf den Schäreninseln lebt. So lassen sich die Tiere auch nicht zitieren, sie wahren ihren »Geheimnisstand« (Wiesenhütter). Was hätte ich darum gegeben, einen Elch oder gar die Elchfamilie zu sehen, auf deren wahrnehmbare Tritt- und Ausscheidungsspuren wir immer wieder stoßen! Schwimmend sollen sich diese riesigen Tiere zwischen den Inseln des Archipels bewegen, da ihnen die zwei Quadratkilometer Kalös wohl doch zu wenig an Weiderevier bieten. Und wieder und wieder wurde mir von meinen Begleitern beschrieben, wie sie sich aus dem Wasser erheben, wenn sie ankommen, mit ihren schweren Körpern, die von zarten, schmalen Beinen so mühelos getragen werden, dass man als Mensch gar nicht recht versteht, wie sie das machen. So groß seien sie, so hoch ihr Rücken, um etliches höher als ein Rinder- oder Pferderücken, dass sie ordentlich erschrocken sei, so erzählt unsere Nachbarin auf Kalö, als solch ein Elch mit seinem gewaltigen Geweih plötzlich zwischen den Birken hervortrat. Sie war gerade beim Holzsuchen und in keiner Weise auf ihn gefasst gewesen. Dabei kennt sie diese Tiere, ist ihnen oft begegnet und weiß, dass es dann einfach nur gilt, ruhig stehen zu bleiben. Auch bei Elchen ist es wie eigentlich bei allen Tieren: Während der Zeit, in der sie Jungtiere zu hüten haben, sind die Muttertiere wachsam, gehen rasch in Angriffsstellung, wenn sie durch den Menschen oder durch andere Wesen aufgestört werden, wie zum Beispiel durch den jungen Hund, der uns hier oft begleitet. So innig wünschte ich mir, dass der Elch, dieses mythische Tier, einmal vor meinen Augen erscheinen möge, dass er tatsächlich mehr als einmal erschien, allerdings vor meinen inneren Augen. Wie oft konnte ich nicht umhin, aus seltsam geformten Ästen sein Geweih heraus zu imaginieren, im staksigen Unterholz seine Beine zu entdecken oder in einem rund aufgewölbten Stein am Strand seinen emportauchenden Rücken. So sollte er sich doch aus dem Wasser erheben, so ruhig und mächtig! Mehr als einmal habe ich so dieses sagenhafte Tier innerlich geschaut, auch wenn ich es nie gesehen habe. Doch um dieses Wesen zu wissen, das diese Schäreninsel belebt, macht ein gut Teil der Beseelung aus, die ich angesichts dieser Insel empfinde. Vielleicht war er ja ganz in der Nähe, der Elch, während ich ihn in der Ferne zu erspähen suchte, vielleicht war es wie an dem Tag, von dem abends in der Wohnstube erzählt wurde, als der Elch hinter dem Haus gestanden und seinen neugierigen Kopf durch die offenen Fenster hineingestreckt hatte, während meine Freunde vor dem Haus mit ihrem Fernrohr begierig nach ihm Ausschau hielten. Die Nachbarin hatte das köstliche Schauspiel beobachtet. Es mag wohl auch ein Foto von dieser Szene geben. Ich jedoch nahm meine inneren Elche mit nach Hause, wo ich ihren ruhigen, geheimnisvollen Anblick jederzeit innerlich hervorrufen kann.

Inzwischen jedoch waren wir auf dem höchsten kleinen Plateau der Insel angekommen und ließen uns ohne Schlangenfurcht auf den warmen Steinen der Kuppel nieder. Der Himmel war klar geworden und das Meer lag im Licht, in dem, bis in verdunstende Fernen hinaus, weitere kleine und immer noch kleinere Inseln sichtbar wurden, die meisten von ihnen wohl unbewohnt. Beseelt erschien mir auch dieses lichte Meer.

Am Abend holte die Nachbarin mit dem Ruderboot die Netze aus dem Meer, die sie am Morgen ausgelegt hatte, ein prächtiger Barsch war dabei. Im Topf gekocht, zusammen mit Zwiebelringen und finnischen Frühkartoffeln, schmeckte er köstlich. Der kleinere und mir unbekannte Fisch, Siika, des nächsten Tages – es war alle Tage wenigstens ein Fisch im Netz – wurde roh serviert, in feinste Scheiben geschnetzelt, gesalzen und gepfeffert. Ein Glas Milch dazu, wie fast zu allen Speisen in Finnland gereicht, nimmt die pikante Schärfe. Und dann, als der Fisch gegessen und nachdem noch lange geplaudert worden war, hätte es Nacht sein können, doch es wurde nicht Nacht. So tief im Süden Finnlands wir auch waren – in Lappland, so weiß man, geht die Sonne in diesen Mitsommertagen überhaupt nicht unter –, es wollte und wollte nicht dunkel werden. Dämmrig wohl, doch nie sank die Dunkelheit unter die Grenze, bei der man noch bequem ein Buch lesen konnte. Wie eigentümlich, von Leena Landers Erzählung »Mag der Sturm kommen« aufzusehen – ich las das urfinnische Buch in diesen Tagen – und den Himmel am westlichen Horizont noch immer oder schon wieder wie in Flammen stehend zu schauen, von einer Sonne, die noch immer im Untergang oder schon wieder im Aufgang begriffen war. In den dunkelsten Momenten hoben sich die Umrisse von Bäumen und Häusern gegen Westen hin wie Scherenschnitte vor dem flammenden Himmel ab. Käuzchen waren zu hören, Nachtigallen – aber es wurde nicht Nacht. Einmal sah ich nach Mitternacht groß und voll den Mond aufsteigen. Er warf seine Lichtbahn silbrig glänzend breit und immer breiter über das Meer, während auf der anderen Seite die noch nicht wirklich untergegangene Sonne den ganzen Horizont vergoldete. Seltsame Farben und Lichtreflexe, Gleichzeitigkeiten, wie wir sie in Mitteleuropa nicht kennen, die die Nacht zum Tage, den Tag zur Nacht werden ließen und die Zeit relativierten. Tag und Nacht zugleich erleben, Simultaneität, All-Zeit. Sehr wach, überwach war ich in diesen hellen Nächten, so wie es wohl die Menschen des hohen Nordens alle sind, traumlos oder während des kurzen Schlafes erfüllt von überhellen, luziden Träumen, in denen mir zum Beispiel eine vor wenigen Jahren – zu früh für mich! – verstorbene Freundin wieder begegnete. Es war eine schmerzliche Trennung gewesen, und entsprechend real war die Wiederbegegnung im Traum, so wirklich, dass ich sie mehrfach fragen musste, ob sie es sei, denn ich wusste im Traum genau, dass sie tot war. Doch sie bejahte. Es war keineswegs das erste Mal, dass ich von Verstorbenen träumte. Meist war es sonst längere Zeit nach deren Tod gewesen, und sie waren einfach wieder da, als hätten sie immer dazugehört. Manchmal war es auch unmittelbar nach ihrem Tod, und der Schrecken der Trennung zitterte auch in den Träumen noch nach und überschattete alles. Selten oder nie aber habe ich so plastisch vom Wiedersehen mit einem Menschen, den ich auch im Traum als verstorben wusste, geträumt. Meine Frage, ob sie es sei, hat meine Freundin klar bejaht. Sie sei nur ein bisschen »verhimmlischt«, sagte sie, nicht ohne ein verschmitztes Lächeln. Und nachdem ich sie noch einmal angeschaut und deutlich wiedererkannt hatte, begrüßten und umarmten wir uns so innig, wie wir es bei einem wirklichen Wiedersehen getan hätten. Warum begegnete sie mir auf dieser finnischen Insel wieder, in einer der hellen Nächte, bei einem so kurzen Schlaf? Beim Nachdenken hierüber realisierte ich erst, dass sie von uns beiden immer diejenige gewesen war, die einmal im Leben nach Finnland gewollt hatte und doch nie dazu gekommen war. Ohne es je mit eigenen Augen gesehen zu haben, war ihr Finnland vor ihren inneren Augen zu einer Seelenlandschaft geworden, ein Land des Wassers, des Meeres, der großen Seen, der Inseln, der Wälder und der Stille. Die Musik von Sibelius hatte sie geliebt und oft gehört,

Insel Kalö. Helle Mitternacht

hatte die Weite darin, hatte Klänge wie ziehende Wolken und strömendes Wasser darin vernommen. Sie hatte die finnischen Farben geliebt, den finnischen Geschmack, das besondere Design, wie es in Stoffentwürfen, Kleiderschnitten, Möbeln, Gläsern und Keramiken erscheint. Sie war selbst Künstlerin gewesen. Sollte die innere Wiederbegegnung mit ihr auch meinen Sinn für die Beseelung dieser herben Landschaft intensiviert haben, für deren leise Melancholie? Brachte sie auch meine eigenen kreativen und künstlerischen Seiten zum Klingen, hätte ich hier nicht am liebsten gezeichnet, gemalt? Immerhin begann ich wieder zu fotografieren.

Am nächsten Morgen, bei lebhaft bewegtem Himmel fuhren wir mit dem Ruderboot aus, um die vorgelagerte, unbewohnte Nachbarinsel zu durchstreifen. Hart ruderte es sich an gegen den Wind, gegen die Wellen, die der Wind landeinwärts trieb, schwierig gestaltete sich das Balancieren wegen des felsigen Grundes, der Untiefen, auf die man auffahren konnte. Schließlich hatten wir die Nachbarinsel halb umrundet, gerieten in deren Windschatten und konnten anlegen. Mit den Stiefeln halb im Wasser zogen wir das Boot an Land, wateten durch Ufergras, über nasse, buntglänzende Steine, über Wurzeln, Moose und blieben schließlich fast stecken in einem duftenden Wacholdergürtel entlang des aufsteigenden Gesteins, das sich auch hier zu einem großen, walartigen Rücken aufwölbte. Elche sahen wir nicht, obgleich wir sie auf dieser unbewohnten Nachbarinsel ernstlich vermuteten, aufgrund ihrer Spuren. Nicht Elche also, aber Vögel über Vögel und noch etwas anderes fanden wir: Treibholz, das das Meer angetrieben hatte und das wir sammelten. Das Boot hoch beladen, so dass wir nur mit knapper Not selber noch hineinpassten, fuhren wir zurück, den Wind nun im Rücken, doch eine Sturm und Regen verkündende Wolkenwand vor uns und über uns. Am gleichen Nachmittag noch ging Hans-Rudi ans Zersägen und Zerspalten des kostbaren Holzes für den Ofen, der unsere Stube heizen sollte, denn das Wetter hing über uns und es wurde noch kühler. Holz aus dem Wald, aus dem Meer hat man hier, Wasser aus der Quelle nahe beim Haus, Fische aus dem Netz, Licht von der Mitternachtssonne oder – seit diesem Jahr erst – von den Solarzellen im Dach. Kerzen taten es auch, Öllampen wie bei Goethe, wie bei Mozart. Das fiel mir plötzlich ein: Die großen Werke unserer Kultur sind ohne elektrisches Licht, ohne Wasserleitungen und Ölheizungen geschaffen worden. Im Nachbarhaus, das einer Sängerin gehört, die hier ihre Sommermonate verbringt, stand statt dessen ein Klavier, ein Ständer voller Noten, Schubert. Was diese Insel so beseelt macht für mein Empfinden, ist ihre Naturbelassenheit. Natur pur findet sich hier. Doch Natur ist rau. Der einzige Bauer, der hier noch lebt, zieht im Winter auf ein zweites Gehöft, auf eine der inneren Schären. Ein Kind, tatsächlich von einer Kreuzotter gebissen, konnte im Jahr zuvor nur gerettet werden, indem man per Handy einen Hubschrauber rief, der immerhin rechtzeitig erschien.

Im späten Herbst alleine hier auf der Insel zu sein, sei eine Herausforderung, gestehen meine Gastgeber, auch wenn man Kalö liebe. Und doch, sie hätten ihre vier Kinder alle Sommer lang hier aufwachsen lassen, und gälte es auch hie und da eine Schlange zu erschlagen. An dem Tag, an dem ich abreise, kommen mit der gleichen winzigen Fähre, die mich hinwegbringen wird, die drei strohblonden Enkelkinder unserer Nachbarin an, um hier und nur hier die drei Monate langen finnischen Sommerferien zu verbringen. Barfuß läuft ihnen die Großmutter entgegen, sie fürchtet die Schlangen nicht mehr, kennt sie sie doch von Kindheit an. Sie ist hier zu Hause. Gefahr und Glück gehören hier zusammen wie in allem intensiven Leben.

Beseelt wie kaum eine andere, die ich kenne, erlebte ich diese Insel. Wie kam dieses Gefühl zustande? Gewiss ist es die natürliche Lage von Kalö, weit draußen in der Ostsee, also vom Meer, von der unbewussten Tiefe umfangen, und doch noch nachbarlich umgeben von nennbaren und namenlosen Nachbarinseln, Einsamkeit also, doch keine Einöde. Nachbarschaftliche Hilfe ist möglich, wie es sich bei der Rettung jenes Jungen erwies. Handy und eine nahe Arztstation auf einer Nachbarinsel erhielten ihn am Leben.

Es ist die besondere Bodengestalt dieser Endmoränen, die hier mitspielt, die Abrundung allen Gesteins, die diesen Inselfelsen eine körpernahe, körperähnliche Gestalt gibt, dazu einen sanften, ja weichen Zugang zum Meer, fast an allen Orten. Ob wir schwimmend oder per Boot uns der Insel nähern, sie lädt uns an fast allen Stränden zur Landung ein, und umgekehrt: Wenn wir ein Boot ins Wasser bringen wollen oder selber ein Bad nehmen, der Fels geleitet uns sanft hinein und das Meer nimmt uns auf. Kalö ist eine zugängliche Insel, obgleich sie nur von wenigen Menschen betreten wird. Einsamkeit ohne Schroffheit bietet sie, Fürsichsein, aber hilfsbereite Nachbarschaft auf Rufweite, zumindest per Handy.

Was spielt noch mit bei der Beseelung, die ich an der Insel Kalö erlebte? Zu allem anderen hinzu kommen auch das Wissen und die Phantasie beziehungsweise das Vorstellungsvermögen über die Entstehung dieser Insel. Wie vor Jahrtausenden das Packeis der Eiszeit über sie hinwegglitt und sie abschliff, wie das Eis in Jahrtausenden zu schmelzen begann, wie der Druck, der auf dem Land lag, allmählich nachließ und die Granitfelsen sich hoben, sichtbar wurden über dem Meeresspiegel, zu Inseln wurden. Ein alter Bauer auf Kalö erzählt vom Zurückgehen des Meeres im Lauf seines Lebens, die Insel habe einige Meter an Land dazugewonnen, die es in seiner Kindheit noch nicht gab, die noch unter dem Meeresspiegel lagen. Wird das langsame Weiterschmelzen der Pole in unserer Zeit das Land noch weiter heben, oder wird vielmehr das durch die Klimaerwärmung nachströmende, steigende Schmelzwasser über die bisherigen Ufer kommen? Kostbares kleines Inselland ist dies, ganze zwei Quadratkilometer umfassend, aus dem Meer gehoben, im Meer sich behauptend! Wie lange schon, wie lange noch? Beseelt ist dieses Inselland auch durch eine Flora und Fauna besonderer Art. Durch die mächtigen Urzeittiere, die Elche, die ich nicht sehe, die aber doch durch ihre Fußspuren und Exkremente ständig anwesend sind, mehr noch durch die Erzählungen meiner Begleiter und Nachbarn über sie, die meine Phantasie und Imagination in Gang setzen. Beseelt ist die Insel auch durch die vielfältige Gegenwart der Schlangen, der ungefährlichen und der gefährlichen, die uns Menschen in unsere Grenzen weisen, die ständige Vorsicht und Achtsamkeit erfordern, dadurch aber auch die wirkliche Gegenwart und das wirkliche Gegenüber der Natur erleben lassen. Anders beseelt noch, uns Menschen näher, ist sie durch die vielfältige Anwesenheit der Vögel, der Landvögel bis hin zur

Nachtigall, die in den hellen Nächten ihren Gesang erhebt. Von den angriffslustigen Seevögeln bis hin zu den Wildenten, deren Züge nach Norden ich nicht miterlebe, die ich mir aber vorstellen kann. Sie werden die Insel zu ihrer Wanderzeit mit ihren Schreien erfüllen. Beseelt ist die Insel auch durch die lichten Birkenbestände, die an einer Stelle so dicht von jungen, sich aufrollenden Farnen durchwachsen sind, dass uns dieses Wäldchen wie ein Zauberwald erscheint, in dem Licht und Schatten ihr subtiles Spiel treiben. Die Birke, so fällt mir ein, war der Lieblingsbaum meiner verstorbenen Mutter gewesen, die selber etwas von der Leichtigkeit und hellen Heiterkeit dieses Baumes gehabt hatte. Plötzlich liegt auch ein Hauch von der Art meiner Mutter über der Insel. Die Birke, die bei uns in Deutschland doch eher einzeln oder in kleinen Gruppen steht, bildet hier ganze Wälder. Wie hätten diese Wälder von Birken meine Mutter entzückt, die auch keine Gelegenheit gehabt hatte, je hierher zu kommen.

Und die liebe Freundin fällt mir noch einmal ein, die sich Finnland als ihre Seelenlandschaft vorgestellt hatte und doch auch nie hierher gekommen war, solange sie lebte. Ihre unerfüllte Sehnsucht aber war daran beteiligt, dass diese Insel sich für mich mit Sehnsucht beseelte. So kam es auch, dass ich in der Abschiedsnacht von der Insel jenen Traum hatte, dass ich ihr wiederbegegnet sei. So wie wir uns beide in jungen Jahren Finnland ausgemalt und ausphantasiert hatten, während wir Musik von Sibelius hörten, so war es nun, und die Phantasie verband sich mit dem realen Inselland, der äußeren Wirklichkeit. Der Mitsommer kam hinzu. Erwachend aus jenem Traum, gegen zwei Uhr in der Nacht, war der östliche Horizont schon wieder taghell erleuchtet. Seltsam überwach ist man in solchen Nächten, in denen das Licht feiert und das Leben gefeiert sein will, mit den Toten zusammen. Da erinnere ich mich auch noch an meine verstorbene Schwester, die den letzten Sommer ihres Lebens dazu nutzte, einmal die Mitternachtssonne zu erleben und in den hohen Norden fuhr, von den Gedanken an das Licht erfüllt, das in diesen Nächten niemals untergeht.

13. *Steine an der Grenze – Les Menhirs de L' Europe*

Über die Felder her kommt man, den alten Grenzweg zwischen Frankreich und Deutschland entlang, an dem noch Grenzsteine von 1830 stehen. Weit oben auf diesem Weg, kurz nach dem eindrucksvollen Versöhnungsgedenkstein von Miriam Karoly, dem durchbohrten, durch den hindurch man von einem Land in das andere sehen kann, ist man nach rechts abgebogen und auf einen Feldweg gelangt, dessen Bahnen für die Wagenräder der Bauern befestigt worden sind. Hier bleibt man suchend stehen. Suchend natürlich nur, wenn man nicht wie ich von einigen früheren Wanderungen her weiß, dass von hier aus irgendwo noch ein unscheinbarer Pfad nach rechts abbiegen muss, der zunächst in ein Gebüsch hineinzuführen scheint, da stehen nur einige Bäume, Apfelbäume. Was soll hier zu sehen, was zu finden sein? Der Zugang zu dem Pfad, der durch hohes Gras führt, ist bald gefunden. Stufen werden sichtbar, die hinunterführen zu einer kleinen Mulde, die im Herbst, als ich sie zum ersten Mal betrat, noch rechts und links des Pfades voll von roten Äpfeln lag, die sich von den Bäumen am Muldenrand gelöst hatten. Vielleicht leerte sie niemand ab, weil sie hier so versteckt stehen. Reif sind sie, süß und saftig, wie ich beim Hineinbeißen bemerke. Nach einigen Schritten habe ich die Mulde durchquert und es geht wiederum mit einigen Stufen aus der Senkung hinauf und oben nach wenigen Metern noch tiefer hinein in die Baum- und Gebüschgruppe, die, wie jetzt sichtbar wird, eine weitere Mulde, doppelt so groß wie die erste, umsteht. Weitere drei Stufen führen hier hinunter. Und dann bietet sich dem Blick etwas Unerwartetes: ein weißer Marmorblock liegt da, schmal, länglich, sarkophagähnlich geformt, auch etwa in der Länge eines Sarges. Wundersam rein wirkt dieser Stein auf mich, umstanden von den Büschen in buntem Laub, von roten Hagebutten und von schwarz gereiften Brombeeren. Was soll das hier bedeuten? Langsam, verwundert, fast ehrfurchtsvoll bin ich die Stufen hinuntergestiegen und habe den Stein betrachtet, schließlich betastet, befühlt. Es ist zweifellos ein Carrara-Marmorblock, der 165 x 62 x 94 cm misst. Auf der Oberfläche

Miriam Karolys, durchbohrter Stein von französischer Seite aus, 1990

Sarkophag im Grünen

glattpoliert, wirkt er weich wie eine Hand, an den Seitenflächen ist er rau belassen. Hier haben sich Spuren von Braun und Grün eingenistet, Spuren von Erde, die der Wind hereintrug in diesen geschützten Raum. Auf der oberen Seite trägt der marmorne Quader eine weich geformte, schmale, längliche Erhebung, einen Mittelwulst, der nach der Mitte zu regelmäßig ansteigt, um sich am anderen Ende sanft wieder abzusenken. Sie ermöglicht einem, über den Stein hinzustreichen wie über einen ruhenden Körper. Ein Bild wachsenden und vergehenden Lebens? Ein Gedächtnisstein für einen Toten? Doch gibt es keinen Hinweis auf einen Namen, auf ein Datum. Statt dessen kommen mir unabweisbare Assoziationen. Dieser Höhenkamm hier, die Grenze zwischen der französischen Lorraine, Lothringen und dem deutschen Saarland war eines der am meisten umkämpften Gebiete während des Zweiten Weltkriegs. Es gab Hunderttausende von Gefallenen auf beiden Seiten, ganz zu schweigen von den Opfern unter der bäuerlichen Zivilbevölkerung, deren Kinder und Enkel heute – ich beobachtete es eben – Seite an Seite, Traktor an Traktor wieder das Land bestellen, als wäre es eins. Es ist auch wieder eins geworden: »Menhirs de L' Europe« benennt das Zugangsschild auf der französischen Seite diese Gruppe von »Steinen an der Grenze«, wie sie auf deutscher

Steinskulptur am Weg der »Steine an der Grenze« Marc Linder, Sonnenwende, 1986

Seite heißt, und erinnert damit an die gemeinsame Kultur der Megalithzeit, die Kultur der Menhire, der großen Fruchtbarkeitssteine, die sich damals über das ganze Gebiet des heutigen Europa, auch weit über Osteuropa hin erstreckte.

Die Menhirs de L'Europe bilden heute eine Friedenslinie, die die schmerzhafte Wunde, die zwischen Frankreich und Deutschland aufgerissen war, wie die kunstvolle Naht eines Chirurgen zu vernähen sucht. Von einem saarländischen Kunsterzieher und Künstler, Paul Schneider, ist die Idee ausgegangen, Künstler aus allen Völkern, die am Krieg beteiligt oder auch vom Krieg in der NS-Zeit betroffen waren, einzuladen, hier oben auf dem alten Höhenland, der alten Grenze zwischen Frankreich und Deutschland, die nur durch frühere Grenzsteine noch kenntlich ist, Skulpturen zu errichten, die hier an Ort und Stelle, unter freiem Himmel belassen, den Gedanken der Versöhnung realisieren sollten. Inzwischen hat es unter französischer Beteiligung etwa ein Dutzend solcher Symposien im Freien gegeben, die viele Künstler aus den Ländern der ehemaligen Kriegsgegner verbanden, Bildhauer und Bildhauerinnen aus der Ukraine, aus Georgien und aus den USA, aus Frankreich, Luxemburg, Irland und auch aus Österreich, Deutschland und Japan. Eine der stärksten Arbeiten ist der schon erwähnte Stein der Miriam Karoly aus Israel. Die Skulptur und Installation nun, vor der ich stehe, stammt von einem österreichischen Bildhauer, Peter Paszkiewitz, dem zwei seiner Meisterschüler aus China, Huang Yoa und Xu Bo Chu, mitgestaltend zur Seite standen.[73]

Erst jetzt kommt mir der Gedanke, dass die Doppelmulde, die zu dieser Installation einer Gedenkstätte eingeladen hatte, gar keine natürliche, noch gar eine künstlerisch gestaltete Gegebenheit dieser Landschaft sei, sondern vielmehr ein zweifacher Einschlagstrichter von Granaten oder irgendwelchen schwereren Sprengkörpern sein könnte, die zu Kriegszeiten hier explodiert sind. Solche Doppeleinschlagstrichter im Gelände hatte ich als Kind im Krieg und nach dem Krieg zu Dutzenden gesehen. In einer anderen Landschaft, die mir lieb war, hatten sie sich, tief im Wald verborgen, im Lauf der Jahrzehnte mit Grundwasser gefüllt und bilden heute eine geheimnisvolle Kette von Waldteichen. Erst eine ältere Freundin, die die Kampfhandlungen in jener Gegend noch miterlebt hatte, wusste mir zu erklären, während ich noch entzückt vor diesen Teichen stand, dass es sich um Granattrichter handeln müsse.

So auch hier. Das schützende Buschwerk und die Bäume, die diese kleinen Krater umstehen, geben ihnen heute den Ausdruck eines beseelten Ortes, auch wenn Einheimische noch berichten können, dass jenes Bild-

Peter Paszkiewicz »Sarkophag« 1990

hauerteam aus Österreich und auch China die Mulden, die mit Schutt und Abfall angefüllt waren, erst freiräumen musste, ehe es mit seiner Installation beginnen konnte. Erst wenn wir den ganzen Kontext bedenken und einbeziehen, erkennen wir die Bedeutsamkeit der künstlerischen Idee, die hier verwirklicht wurde: die Einschlagsstellen und die Schrottgruben jenes großen Verbrechens und jener großen Tragödie, die der Zweite Weltkrieg darstellte, freizulegen, aus Verdrängung und Verschüttung zu heben und für die schmerzliche und würdige Trauer zu öffnen, über der sich die Kinder und Enkel der Täter wie der Opfer zu versöhnen vermögen. Die Toten aller beteiligten Völker werden hier, auf der deutschen Seite des Grenzweges, aus der Vergessenheit in die Erinnerung gerufen und auch, wenn sie unter Granatenhagel und Sprengsätzen grausam zerstückelt worden wären, in der Würde, Schönheit und Ganzheit des weißen Steins und seines edlen Materials aufgehoben. Auch der subjektive Opfermut vieler, die persönliche Hingabebereitschaft derer, die jeweils für ihr Land starben, und seien sie auch durch verbrecherische Regimes, wie auf deutscher Seite, grausam missbraucht worden, wird in diesem Stein mit seinen reinen Formen, seinem milden Weiß geachtet und geehrt. Hier kann Versöhnung möglich werden über gemeinsamer respektvoller Trauer, auch angesichts des unendlichen Leids, das dieser Krieg bei allen beteiligten Völkern angerichtet hat.

Miriam Karoly »Geöffnete Grenzbarriere« 1990. Durchbohrter Stein, von der deutschen Seite aus gesehen

Auf einem ehemaligen Schlachtfeld ist hier ein versöhnender, ja ein beseelter Ort entstanden. So empfinde ich es und so empfinden es viele von denen, die ich an diesen Ort geführt habe und die man zu allen Jahreszeiten an diesem Weg antreffen kann. Sie werden still, wenn sie unvermutet in jener Doppelmulde von alten Granattrichtern vor dem weißen Stein stehen. Hier war es durchaus der Blick und die Hand des Künstlers, des Künstlerteams, die von der Lage, der Entstehungsart und der Geschichte dieses Ortes berührt wurden und in eine Resonanz gerieten, die sie zunächst einmal zum Freilegen dieses Platzes, dieser Doppelmulde, motivierte. Hier ist es eindeutig die umgestaltende, ausgestaltende Hand und Seele der Künstler, die diesen Ort befriedet und beseelt hat. Schmerzliche Erinnerungen werden ausgegraben, aber auch aufgehoben im Anblick dieses makellos weißen Steines, in der Reinheit seiner Formen und in der Stimmigkeit seines Standorts, seiner Lage am Ort der Trauer. Als ich von Idee und Gestaltung dieser Steine an der Grenze sprach und eine Führung dorthin anbot, weigerte sich eine betagte Frau, die seinerzeit ihren Mann bei den Kämpfen an der deutsch-französischen Grenze verloren hatte, dorthin mitzukommen, sie fürchtete, ihr Schmerz würde wieder aufgerissen werden, während eine

Öffnung

andere Frau der gleichen Generation und des gleichen Schicksals ihr bei der Rückkehr sagen konnte: »Es hat mich getröstet und hätte dich vielleicht auch getröstet.«

Zurück geht es auf dem Grenzweg in südöstlicher Richtung, wenn man nicht auf die neue Autobahn des Saarlands, die nach Luxemburg führt, zugehen will.

Bald stößt man wieder auf den schon erwähnten Stein von Miriam Karoly[74], ein mächtiger, ungleichgeformter Pfälzer Sandsteinblock (310 x 255 x 90 cm), der als Skulptur einer Israelin aus Tel Aviv besondere Aufmerksamkeit verdient. Auch Miriam Karoly hat einen Sommer lang hier auf der Höhe gearbeitet. Alleine die Tatsache, dass sie sich einladen ließ, an der Versöhnung der europäischen Völker mitzuarbeiten, verlangt Respekt, zweifellos ist damit ein Schritt zur Versöhnungsarbeit Israels mit den Deutschen einbeschlossen. Vom Saarland her wurde sie eingeladen; ihr Stein steht direkt am Grenzweg, auf dessen linker Seite, wo man Frankreich betritt. Er ermöglicht den Blick von deutscher Seite nach Frankreich, indem man mitten durch den mühsam aufgemeißelten Stein hindurch wie durch ein rundes Guckloch nach Lothringen hineinblickt, dort aber die Weite der Lorraine in den Blick bekommt, die Offenheit des Landes, des Horizonts. Der Stein ist ausdrücklich und sichtbar von der deutschen Seite her ange-

Alter Grenzstein

gangen und in rhythmischen Schlägen, die sich auf der Steinoberfläche noch heute abzeichnen, aufgemeißelt und schließlich durchbrochen, so dass man nun auch von französischer Seite her hindurchblicken kann: »Ein Fenster von Deutschland nach Frankreich – von Frankreich nach Deutschland«[75] (Miriam Karoly) hat sich geöffnet. Doch die Vorderseitenbehandlung, das Zuhauen und Aufschließen des Steines geschah primär von der deutschen Seite her. Versetzen wir uns einmal hinein, was diese bildhauerische Geste für Miriam Karoly bedeutet haben mag! Als Israelin, jedoch in Wien geboren, versetzt sie sich leibhaft – und das mit Leib und Seele – in das hinein, was deutsche Versöhnungsarbeit bedeuten mag, versetzt sich mit dieser Arbeit einen Sommer lang in die Situation der Deutschen hinein, die nach dem von deutscher Seite heraufbeschworenen Kriege allenthalben in Hass verschlossene Türen vorfanden, gerade auch auf Seiten der Franzosen. Noch ungleich tiefer gegangen war die Verschlossenheit Israels gegenüber Deutschland nach der Shoah. Die Versöhnungsgeste Miriam Karolys ist unübersehbar und bewegend stark. Vom Standort der Deutschen her, in deren Versöhnungsarbeit sich hineinversetzend, arbeitet sie sich einen Sommer lang durch den grenzblockierenden Stein und erschließt ein Guckloch, eine Durchsicht auf die Weite des Nachbarlandes und auch umgekehrt einen Blick von Frankreich aus hinein nach Deutschland. Es ist keine Frage, dass Miriam Karoly damit

Levan Mkheize, Georgische Legende, 1986

zugleich auch die Barrikade, den steinernen, versteinerten Block zwischen Deutschen und Juden zu durchbrechen versuchte. Es ist ein beseelter Ort, wo dies geschah und nachvollzogen werden kann. Die israelischen Buchstaben für Shalom, Frieden, hat Miriam Karoly zuletzt in den Stein eingraviert. Es ist beim Betrachten des Steins fast unmöglich, das Guckloch zu übersehen. Indem man aber dessen Faszination nachgibt und hindurchblickt, hat man die Grenze schon überwunden. Den nahe dabei stehenden französischen Grenzstein von 1830 hat Miriam Karoly mit ihrem durchbrochenen Grenzbarriere-Stein verbunden, indem sie mit dem aus dem Stein herausgearbeiteten Material eine Verbindungslinie schuf.

Auf dem Rückweg zum Parkplatz, dem Grenzweg zurück in südwestlicher Richtung folgend, kommen wir an dem Stein des Georgiers Levan Mkheize vorbei, der seiner Darstellung eine alte georgische Legende zugrunde legt: die Legende vom Kampf eines Menschen mit einem Tiger, bei dem schließlich beide zu Tode kommen. Die Legende schließt damit, dass die Mütter beider, die Mutter des Menschen und die Mutter des Tigers, einander begegnen und miteinander ihre toten Kinder beweinen. Den toten Mann und den toten Tiger beieinander liegend, hat der Künstler im Halbrelief dargestellt, einen Gedenkstein der Trauer schaffend, über dem

Thomas Wojciechowicz, Überdachter alter Grenzstein von 1830, 1986

die Mütter der betroffenen Völker und mit ihnen alle, die zu diesen Völkern gehören, sich finden können. Symbole wie das Sonnenrad, der Lebensbaum und Schriftzeichen aus Georgien, die ich nicht zu entziffern vermag, umgeben die übrigen Seiten des Steins, der von der Ausdehnung und Erstreckung, von der Fernwirkung jenes schrecklichen Geschehens des Zweiten Weltkriegs, zeugt, aber auch von der Fernwirkung der möglichen Versöhnung. Das Werk ist »ein beredtes Mahnmal gegen das Töten und ein Appell für das Leben.«[76]

Ein letzter dieser vielen beseelten Steine an der Grenze soll noch erwähnt werden. Über einen der Originalgrenzsteine von 1830 hat der deutsche Künstler Thomas Wojciechowicz[77] zwei massive Sandsteinplatten (350 x 250 x 275 cm) gestellt und aneinandergelehnt, so dass sie nun wie ein Zeltdach, wenn auch ein sehr stabiles, diesen Grenzstein überwölben, gleichsam überdachen. Von Regen und Unwetter auf freiem Felde überrascht, hat mancher hier schon reale Zuflucht gefunden – auch ich, als ich diese Steine immer wieder besuchte, betrachtete, fotografierte. Der Ausdruck dieser Skulptur über dem alten Grenzstein ist die Überdachung, die Überwindung der alten Grenze auf sehr sinnfällige Weise. Die beiden schweren Steinplatten, Deutschland und Frankreich symbolisierend, über dem Grenzstein an-

Steinskulpturen am Weg der »Steine an der Grenze«, Jeannot Bewings »Visierstein«, 1986

einandergelehnt, tragen einander, halten einander, da sie von gleichem Gewicht und gleicher Gewichtung sind. Sie können nicht mehr ohne einander. Miteinander aber bilden sie einen besonderen Raum, gar einen Zufluchtsraum, der Geborgenheit gewährt. Wenn diese beiden Steinplatten, die eine für Frankreich und die andere für Deutschland stehen, dann gilt alles Gesagte auch für deren Zusammenspiel und für den Zusammenhalt der beiden Länder. Damit ist die alte Grenze zwischen ihnen überwunden. Die Skulptur, die dies anzeigt, ist für mich ein befriedeter und damit neu beseelter Ort wie dieser ganze Grenzweg der Menhirs de L' Europe, der Menhire des neuen Europa. In dem Dreieck, das die in Ost-West-Richtung aufgestellte Skulptur über dem Grenzstein bildet, kann man frühmorgens die Sonne aufgehen sehen.

Mir erscheint dies Beispiel eines versöhnten, befriedeten und quasi wiederbeseelten Geländes auch deshalb so bedeutsam, weil es erweist, dass auch Orte, die durch schreckliches Kriegsgeschehen, durch Mord und Totschlag im wahrsten Sinne des Wortes ihrer ursprünglichen Seele beraubt waren, so dass allenfalls noch Hass- und Rachegeister ihr dämonisches Wesen dort treiben konnten, schließlich doch wieder geheilt werden können. Es gelingt dies sicher nur dann, wenn die Trauer um das Geschehene zugelassen wird und ein neuer Geist Einzug hält.

An manchen Orten ist es sehr schwer, die negativen Geister zu vertreiben. Orte, an denen ein Mord stattgefunden hat, sind für die meisten Menschen für sehr lange Zeit tabu. Bei Stätten gezielten Massenmords, Konzentrationslagern, die heute in Gedenkstätten umgewandelt wurden, kann für lange Zeit zunächst allenfalls die Trauer einkehren, die das blanke Entsetzen, das solche Stätten auslösen, zu ertragen vermag. Doch auf der ehemaligen deutsch-französischen Grenze, der Bannmeile zwischen dem Merziger Saargau mit Büdingen, Wettingen und den französisch-lothringischen Dörfern Launstroff und Scheuerwald, ist die Seele einer befriedeten Landschaft wieder eingekehrt.

Lindau, Blick auf das alte Rathaus

14. Orte der Begegnung

Mein Nachdenken über »Beseelte Orte« kann ich nicht abschließen, ohne die Orte zu erwähnen, an denen Menschen sich treffen, wo mitten im bunten Treiben die »Seele« einer Stadt, eines Platzes, eines Marktes zum Ausdruck kommt, die »Seele«, zu der alle diese Menschen gehören, an der sie ihren Anteil haben. Ob dies die historischen Marktstätten mittelgroßer Bodenseestädte sind wie Konstanz und Lindau oder der Marktplatz meiner Heimatstadt Schweinfurt am Main mit seinem schönen Renaissance-

Schweinfurt, Marktbrunnen

Rathaus, dem Denkmal von Friedrich Rückert in der Mitte des Platzes (des ersten Deutschen, der persische mystische Lyrik übersetzte und nachdichtete) und dem Turm etwas oberhalb vom ihm – es sind mehr oder weniger gut erhaltene Treffpunkte (eher weniger gut erhalten im bombengeschädigten Schweinfurt), echte Kommunikationspunkte, wo das Leben einer Stadt pulsiert, wo man sich begegnet.

Es gibt aber auch die weiten Plätze größerer Städte, die aufblühen und ihre Seele zeigen, sobald kulturelles Leben sie erfüllt: Der nachkriegsmäßig karg wiedererbaute und auch verbaute Platz um das Fridericianum in Kassel, der aber während der wiederkehrenden documenta-Ausstellungen internationaler Kunst auf einmal ein Flair erhält, als handle es sich um das Forum einer Weltstadt, ebenso die Fuldaaue, die historische Parkanlage eines der Kasseler Fürsten, die sich zur documenta-Zeit, da sie durch Holz- und Metallskulpturen, kleine künstlerische Inseln in ihrer Wasserlandschaft, belebt wird und zum Spielplatz der Welt wandelt. Ähnlich ergeht es Bregenz mit seiner Seebühne und ihren meisterlichen Bühnenbildern während der jährlichen sommerlichen Festspiele. Da gibt es kleinere und größere Plätze und Straßenzüge in Berlin und Paris, in Prag und in Rom, in Zürich und London, die so viel Beseelung haben, dass man von ihnen

Kassel, Das Fridericianum während der dokumenta

Hofgeismar. Klassizistisches Schlösschen Schönburg (1789)

träumen kann, dass sie auch im Traum vorkommen. Sie sind wie der Inbegriff ihrer Länder und der dortigen Menschen, ihrer Kultur, Religion, Geschichte und Gegenwart.

So saß ich einmal auf dem Platz vor dem Pantheon in Rom, jenem Tempel mit dem zum Himmel geöffneten Dach, saß von mittags bis zum Sonnenuntergang auf einem Bistrostuhl vor dem Brunnen. Und die Zeit wurde mir doch nicht lang, denn es war an diesem Treffpunkt eine einzige, lebensvoll beseelte »dramatisatione italiana«, die sich hier abspielte, vom Mittag bis in die Nacht hinein.

Ich habe an Orten gelebt und gewirkt, an denen Menschen sich zu Auseinandersetzung und Gespräch trafen, zu Besinnung und Kreativität, zu Fortbildung und Therapie, in Bildungshäusern, Tagungsstätten, Meditationszentren und Hochschulen. Wie wichtig es ist, dass diese Orte eine Seele haben, wurde mir immer neu bewusst. Es gab in der Tat Orte unter ihnen, die nur durch die Begegnung und das schöpferische Tun der Menschen in ihnen einen Hauch von Seele bekamen, der architektonischen Dysfunktionalität und Unproportioniertheit, der Hässlichkeit und Verwahrlosung dieser Räume zum Trotz.

Aber es gab auch andere, und deren Beseeltheit teilte sich den Menschen und deren Aktivitäten mit und ergab eine Resonanz in den Gemütern. Ich möchte nur einige von ihnen nennen, diejenigen, die ich am besten kenne und die mich am stärksten animierten.

Da war und ist das Schlösschen Schönburg in Hofgeismar bei Kassel, ein klassizistisches Schlösschen, um 1789 an der Stirnseite eines Parks mit alten Eichen- und Buchenbeständen erbaut, mit einem Schwanenteich und Wasserläufen. Dem Schlösschen gegenüber, am Eingang des Parks, steht ein entzückendes klassizistisches Rundtempelchen, das den »Gesundbrunnen« birgt, flankiert von zwei weiträumigen Gebäuden, den ehemaligen Gästehäusern des alten Heilbades, das der damalige Kasseler Fürst für seine Gäste anlegen ließ.

Der frei sprudelnde Gesundbrunnen im Tempelchen führt wirklich heilkräftiges Mineralwasser, das zuerst im Dreißigjährigen Krieg, als es im Umfeld des Brunnens zahlreiche Verwundete zu versorgen gab, seine Heilkraft erwies.

Dieses kostbar weitläufige, schön gestaltete Gelände, das im Zweiten Weltkrieg wieder als Lazarett diente, ist heute das Gelände der Evangelischen Akademie und des Predigerseminars. (Angrenzend, aber bereits außerhalb des eigentlichen Schlossgeländes befindet sich auch heute wieder eine Heil- und Pflegestätte, die sogenannte »Altenhilfe« des Diakonischen Werks der Evangelischen Kirche.)

Ein »Gesundbrunnen« ist dieses ganze Gelände auch heute – der ganze Stadtteil hier heißt nach diesem Brunnen – für Geist und Seele der jungen und älteren Akademiebesucher, aber auch für die betagten Bewohner des nahen Altenheims.

Was spielt sich in solch einer Akademie ab? Schwerpunkt war neben der Begegnung zwischen Menschen aller Berufsrichtungen immer die Auseinandersetzung mit politischen, auch gesundheitspolitischen, gesellschaftlichen, kulturellen und religiösen Zeitfragen, war immer der dialogische Austausch zwischen der christlichen Perspektive und anderen Sichtweisen.

Am besten aber eignete sich das Schlösschen und das ganze Gelände am Gesundbrunnen allemal für festlich-kulturelle und kreative Veranstaltungen, von der Sommerakademie angefangen, der verschiedene Themen vom Märchen bis zu zeitgenössischer Literatur zugrunde liegen konnten, bis hin zu den Begegnungen mit Künstlern während der großen documenta-Ausstellungen im nahen Kassel und eigenen künstlerischen Gestaltungsversuchen der Teilnehmer und Teilnehmerinnen. Frühe feministische Studiengruppen, auch ihre Gestaltung von Frauenritualen – einmal

Hofgeismar, Quellentempel des Gesundbrunnens

schlich sich freilich auch ein verkleideter Mann ein! – fanden hier einen Ort, wie schon die Studentenbewegung zuvor mit ihren politischen Utopien, aber auch der Idee einer aus Spiritualität gespeisten Politik. Die Anfänge der Meditationsbewegung fanden hier ein Dach, unter dem sie sich entwickeln konnten, wie auch die frühen Experimente der Gruppen- und Körpertherapie. Jahrzehntelang führten die Pfingsttagungen in Hofgeismar die junge, intellektuell und spirituell suchende Generation von Berlin bis München, von Hamburg bis Freiburg zusammen: zu heißer Diskussion und zu spontanem Ausdruck, zu Musik, Theater, Maskengestaltung, zur Diskussion von Manifesten und zur Durchführung von Aktionen, zu Meditation und Vision, zu Stille und Ekstase. 400 Teilnehmerinnen und Teilnehmer waren es oft, obgleich das Haus offiziell nur 120 fassen konnte. Da wurde gehext und auf dem Fußboden oder dem grünen Rasen gegessen und geschlafen. Wie oft wurde damals erwogen, auch andernorts solche Treffen zu veranstalten, natürlich geschah dies auch, doch immer wieder wurde von den jungen Menschen nach dem Schlösschen Schönburg und seinem einzigartigen Park, nach dem »Gesundbrunnen« gerufen. Beseelt wie hier schien es kaum irgendwo anders zu sein!

Dann war da in der Nachbarschaft die junge Gesamthochschule in Kassel, die lange Zeit kläglich in »Aufbau- und Verfügungszentren« (AVZ genannt) aus kargen Betonplatten ihr Dasein gefristet hatte, wenn auch ein quicklebendiges Dasein, allen Themen der Zeit offen, der Ökologie vor allem und einer neuen Sozialtherapie. Ein partnerschaftlicher Lehrbetrieb, wie ich ihn anderswo kaum je fand, eine Studiengemeinschaft von Lehrenden und Lernenden zugleich. So erlebte ich es jedenfalls innerhalb des Fachbereichs Sozialwesen.

Erst Jahre später kam zu diesem Geist die bauliche Entsprechung mit dem Umbau eines ehemaligen Fabrikgeländes zustande, die Umwandlung in einen komplexen Hochschulcampus, der seinesgleichen sucht. Vor allem die neuerbauten Ziegelsteingebäude mit ihren großzügigen und auch intimen Räumen, mit offenem Dachgebälk, Sitznischen und Lauben waren von einer Atmosphäre erfüllt, die zum aufgeschlossenen, spiel- und experimentierfreudigen Geist der damaligen Studenten- und Dozentengeneration passte. Ich vermag nicht zu beurteilen, wie die heutige Lehr- und Lerngeneration diese originelle Anlage, ein ganzes Stadtviertel, ausfüllt. Mit ihren Gebäuden und Räumen stellt die Gesamthochschule jedenfalls nach wie vor ein Gefäß für mögliche Beseelung des Geistes bereit. Das Hübscheste von allem war wohl die Anpflanzung von bunt blühendem »Unkraut«, also von wilden Wiesen- und Bahndammblumen und -kräu-

Seehof, C.G. Jung-Institut in Küsnacht-Zürich

tern, gefährdeten Arten, die zwischen den akademischen Gebäuden auch munter emporwuchsen, dazwischen liefen Klinkersteinwege, mit Bänken und Sitzecken versehen. All dies bezeugte den ökologischen Gedanken, der damals die Gesamthochschule stark prägte.

Von dort führten mich Lehraufträge zu einer anderen Ausbildungsstätte, die ihren Lehrbetrieb nach Jahrzehnten aus einer beengten Etagenwohnung in ein wahrhaft beseeltes Gebäude verlagert hatte. Ich spreche vom C.G.Jung-Institut Zürich, das ins nahe Küsnacht umzog und zwar in das großzügige ehemalige Wohnhaus Conrad Ferdinand Meyers, das, direkt am Zürichsee gelegen, von einem Garten samt einem kleinen Bootshaus umgeben ist, genauer, einem großzügigen Garten, der bis heute so, wie er historisch angelegt war, nämlich in Mandala-Form mit hervorgehobener Mitte, weiter erhalten und weiter gepflegt wird.

Im Sommer betritt man von dem schmiedeeisernen Gartentor am Seeweg aus das Gelände des Jung-Instituts durch einen Rosengarten, der Dutzende von Farb- und Duftnuancen, Dutzende von Rosensorten enthält. Hier sind Bänke aufgestellt und fast immer sitzen hier Studierende, in ihre

Bücher vertieft oder miteinander redend, vespernd oder auch einfach entspannt vor sich hinblickend, in diesen Blütengarten hinein.

Dann steht man im dämmrigen Foyer und kann entweder auf gleicher Ebene zum Sekretariat oder hinab ins Untergeschoss zum Kellersaal mit dem wuchtigen Gewölbe gelangen oder auch zu der schönen Sala Terrena mit ihren alten Wandmalereien und den Türen hinaus zum Garten und zum See, die man im Sommer öffnen und dann eine Atmosphäre wie in einem Tessiner Landhaus genießen kann. Auch hier haben wir schon über alle Tische hin gemalt und auf der Wiese draußen weiter, bis wir uns in den Pausen bei Brot, Käse und Trauben entspannten. Und Feste lassen sich hier feiern! Eines der schönsten, von der Studentenschaft phantasievoll ausgestaltet, war das Jubiläumsfest zum 50jährigen Bestehen des Instituts.

Die größeren öffentlichen Vorlesungen – zu klassischen und neu herausfordernden Themen Jung'scher Psychologie und Psychotherapie – finden im allgemeinen im ersten Stock des Gebäudes, im Festsaal statt, der mit seinem schönen Parkettboden und den vielen Fenstern, die sich vom kleinen Balkon aus zur Seeseite hin öffnen, etwas Helles und Einladendes hat. Als Vortragende sieht man den See heraufblitzen und nimmt am Ufer gegenüber den grünen Höhenzug des Albis wahr.

Die reichhaltige und doch gemütlich-enge Bibliothek und das Lesezimmer sind gleich im Nachbarraum; daneben das sogenannte Prunkzimmer, ein Raum mit kostbarem altem Kachelofen, etwas schwer zu öffnenden altmodischen Fenstern und einem ovalen Tisch aus Edelholz, an dem kleine Konferenzen oder auch die Prüfungsgespräche mit den Studierenden stattfinden.

Noch eine Treppe höher gelangt man ins obere Stockwerk mit dem sogenannten Bildarchiv, das eine riesige, noch von Jung begründete Sammlung von sogenannten »Bildern aus dem Unbewussten«, von Patienten gemalt, enthält, deren Grundstock noch aus Jungs eigenen Analysen stammt. Zum See hinaus liegen die Räume des Studienleiters, der die Studenten berät und die Semesterprogramme zusammenstellt. Hier ist die Sicht zum Zürcher See hinaus, zur Albiskette hin besonders weit, und am Horizont tauchen an klaren Tagen oft die höheren und schneebedeckten Alpenketten auf. Hier hat so mancher künftige Psychotherapeut seine ersten Schritte in die Ausbildung hinein getan.

Ein beseelter Ort ist dieses Institut von seiner Lage, seinen gut proportionierten und gepflegten Räumlichkeiten her, die viel historisches Kolorit enthalten. Dass es sich immer neu mit Jung'schem Geist, der die Seele so hoch hielt, erfüllen kann, ist Sache der Menschen, die aus vielen Ländern

Turm in Bollingen, ausgebaut von C. G. Jung

hierher gekommen sind, um zu studieren, und ist vor allem Sache der Lehrenden, die diesen Geist seit Jahrzehnten weiterreichen.

Nicht allzu weit von hier, am gleichen Ufer, liegt der beseelte Ort, den ich wie viele andere nur auf gut Glück und eigene Gefahr einmal betreten konnte – ist er doch im Privatbesitz der Familie Jung – ich meine den »Turm« und die ganze Anlage darum herum, die Jung weitgehend mit eigenen Händen erstellt hat, sein Seelenort, der direkt in den See mündet, der Ort, an dem er imaginiert, gemalt, gemauert, geschrieben, gemeißelt, Holz gehackt und auf offenem Feuer gekocht hat. Über den Türsturz hat Jung den Satz eingemeißelt: Vocatus atque non vocatus deus aderit – Gerufen und nicht gerufen wird Gott da sein. Gewiss: ein beseelter Ort!

Ganz andersartig, ein Ort der Meditation, ein seelisches Zuhause für viele ist die »Neumühle« bei Tünsdorf-Mettlach, ursprünglich ein altes Mühlengebäude mit Mühlenteich und Wasserfall, abgelegen im waldigen Grenzgebiet des Saarlandes zur Lorraine und zu Luxemburg hin. Die letzten beiden Müllersleute, hochbetagt, haben das damals verfallende und von Feuchtigkeit durchsetzte Anwesen, Wohnhaus, Mühlengebäude und Stallungen dem kleinen idealistischen Verein »Exercitium humanum«, der ein Haus für die junge Meditationsbewegung in Deutschland, für »die

Übung des Menschlichen« suchte, zu einem moderaten Preis abgegeben. Das aber hieß, dass viele, viele Hände, Mitglieder des Vereins und Hunderte von Teilnehmerinnen und Teilnehmern der ersten Meditationskurse, mit anpacken mussten, um die Gebäude zunächst einmal notdürftig zu sanieren, durch Drainagen die eindringende Feuchtigkeit aus dem Mühlenbach zu stoppen. Das bedeutete, dass bei einer der ersten Pfingsttagungen eine Maus über das Manuskript der überraschten Referentin huschte und zuweilen Siebenschläfer von den Dächern fielen. Heute aber sind die Mühlengebäude und das ganze Gelände von einer selten starken Atmosphäre, die gerade darauf beruht, dass man den liebevollen Einsatz so vieler geschickter Hände spürt, die eine unebenmäßige und viel lebendigere Schönheit und Wohnlichkeit hervorgebracht haben, als es professionelle Auftragsarbeit mit ihrer Perfektion bewirken könnte, die im Vergleich dazu oft glatt und kühl wirkt.

Als Erstes wurde das Wohnhaus der Müllersleute mit der Küche saniert, das Wohnzimmer zu einem gemütlichen Speiseraum ausgebaut, von dem aus man den Ausblick zum Mühlenteich hatte, der sich langgezogen zwischen dem Waldrand zur Linken und dem straßennahen Baumbestand zur Rechten hindehnt. Heute ist dem Müllerhaus ein lichter, runder Speisepavillon vorgebaut, allseitig mit Fenstern versehen, dessen große Terrasse sich noch näher an den Teich und an den Wasserfall heranschiebt, zu allen Jahreszeiten ein stimmungsvolles Ambiente.

Der Wasserfall ist es, der Arbeit und Ruhe in dem großen alten Mühlengebäude Tag und Nacht mit seinem Rauschen begleitet, je nach der Tageszeit und der Stärke der Regenfälle einmal lauter, einmal leiser, doch niemals ganz aussetzend. Das ist die Urmusik der Neumühle, die sich an das Fließen des Wassers, des Lebens, der Seele anschließt, dieses Hauses, das auch sonst so sehr der Musik zugetan ist, den alten festlichen Gesängen der ostkirchlichen Liturgie, den leicht singbaren spirituellen Melodien von Taizé, aber auch den alten und neuen Liedern und Tänzen der Weltökumene, vom aramäischen Vaterunser bis zu Indianergesängen an den Großen Geist und die Mutter Erde. Daneben erklingen Gong und Didgeridoo, Tambura und Glockenspiel, Schwirrholz und die Obertöne der menschlichen Stimme, es gibt Kurse, solche Instrumente und Gesänge zu erlernen, es gibt Konzerte und die Feste des Jahres, zu denen vielerlei lebendige Musik erklingt.

Das Mühlengebäude beherbergt heute den Vortragssaal oder Eutonieraum, in dem qualifizierte Fortbildungen in Eutonie, aber auch in Feldenkrais oder in Maltherapie angeboten und praktiziert werden. Oft ist der ganze Raum gefüllt mit Eutoniematten, Bambusstäben und Tennis-

Die Neumühle – Ökumenisches Zentrum für Meditation und Begegnung

bällen oder auch mit Malgerät, Farben und Bildern. Dann hat er seine besondere Atmosphäre, zu der unabdingbar die Menschen gehören mit ihrer Offenheit und ihrer selbstvergessenen Vertieftheit in ihr Tun. Wenn das Nachmittagslicht durch die Süd- und Westfensterfront fällt und wir im Halbkreis um die ausgebreiteten, selbst gestalteten Bilder sitzen, uns in sie vertiefen und die Erfahrungen mit ihnen teilen, dann ist es oft, als breite die Seele dieses Raumes ihre Flügel aus.

Benachbart ist der sogenannte Buddha-Raum, besonders für die Meditation gedacht, dessen Stirnseite durch eine Buddhafigur charakterisiert ist; er liegt unter dem großen hölzernen Mühlrad, dem Wahrzeichen des Hauses, das zugleich an die Radvision und das Radsymbol des Nikolaus von Flüe erinnert. An der rechten Wandseite ergänzt eine Marienikone die Symbolik aus der Weltökumene der Religionen, die für den offenen Geist der Neumühle so charakteristisch ist. In diesem Raum findet Meditation im Stil des Zen statt. Nicht selten haben Meisterinnen und Meister des Zen hier Einführungskurse und auch Sesshins gehalten, daneben werden Formen christlicher Kontemplation und vor allem auch das aus der ostkirchlichen Tradition stammende Herzensgebet gelehrt und praktiziert.

Ein Stockwerk tiefer, an verputzten Wänden entlang, die an vielen Stellen den naturbelassenen Buntsandstein des Felsbodens durchschimmern lassen, geht es hinab zur Krypta. In deren Vorraum ist der Boden zum tiefsten Stockwerk hin geöffnet und man sieht hinab in das offene Taufbecken, in dem, nach orthodoxem Brauch, auch Erwachsene untertauchen können.

In der Krypta selber, deren Fenster sich zum nahen Mühlenbach hin öffnen, dessen Rauschen auch hier alles erfüllt, schaffen die Natursteine an den Wänden ein heimeliges Höhlengefühl. Das gemalte Kreuz des Franz von Assisi begrüßt uns an der Stirnseite, ein Bildnis des Nikolaus von Flüe steht uns im Rücken. Hier erklang sonntags die festliche Liturgie der westlich-orthodoxen Kirche, die der erst vor kurzem verstorbene Mitbegründer der Neumühle, Willi Massa (neben seiner Frau Eleonore und dem Verein Exercitium Humanum), als Priester jener Kirche mit Wärme zu zelebrieren wusste. Kursteilnehmer aus allen Konfessionen und Religionen nehmen teil, auch Menschen aus den umliegenden Dörfern. Am tiefsten ergreift mich immer wieder die Strophe innerhalb des alten mehrstimmigen Hymnus, in der die Lebensmutter als »Tanzwirbel des Lebens« und »Ewige Weisheit« angerufen wird.

Gleich neben dem Mühlenbach, dessen Wasser noch den Schaum und die Blasen vom Sturz über den Wasserfall mit sich trägt, führt ein Zugang von außen in die »Einsiedelei«, wo sich immer wieder einmal ein Mensch für Tage oder Wochen niederlässt, um innere Klärung zu finden. Als kürzlich wieder einmal jemand die Einsiedelei beziehen wollte, stieß er auf eine Katzenmutter mit ihren noch halbblinden Jungen, die sich hier unten in der Zwischenzeit, ohne dass es jemand bemerkt hätte, das Einsiedlerbett zum Wochenbett erkoren hatte. Auch wenn es eine unvorhergesehene Überraschung war, die einige Arbeit verursachte, trug die Katzenbescherung zur Beseelung des Raumes doch nicht unerheblich bei.

An der tiefsten Stelle der Neumühle angelangt, dem Bach, wo sich früher das Mühlrad drehte, entdeckt man noch ein Anwesen, das zu der Anlage des ökumenischen Zentrums Neumühle gehört, die frühere »Kapellenwies«, auf der einst eine keltische Kultstätte gestanden haben soll. Heute steht da mitten auf der Wiese ein einfacher Altar aus einem roten Sandsteinblock, der von der früheren Herberge des Vereins Exercitium Humanum auf dem saarländischen Schaumberg, der auch ein beseelter Ort ist, mitgebracht wurde, als man ihn dort wegen Umbaus für andere Zwecke nicht mehr gebrauchen konnte. So wanderte übrigens auch die hölzerne Marienfigur im Vorraum der Krypta von einem Schuttplatz, wohin man sie »entsorgt« hatte, in die Neumühle.

Das Besondere an der Neumühle ist ihre Lage inmitten der ursprünglich belassenen halbwilden Wälder, der Flüsse und Höhenzüge im Dreiländereck von Saarland, Lorraine und Luxemburg, ist ihre naturnahe, gewachsene Architektur, an der viele Hände beteiligt waren, dazu die ökologische Einstellung, der die Neumühle eine eigene Quellbohrung nach Mineralwasser und die ökologischen Gartenanlagen verdankt. Das Besondere an ihr ist vor allem ihr ökumenisch-weltoffener Geist und eine Spiritualität, die den religiösen Ausdruck aller Weltreligionen achtet und in ihren eigenen Räumen zulässt und zugleich den Dialog der christlichen Konfessionen und der Weltreligionen pflegt. Nicht zuletzt sind es die Menschen, die sich hier treffen, die der Neumühle etwas von ihrer Seele geben, aber auch die Neumühle als bereits beseelten Ort entdecken. Suchende, offene Menschen sind es, offen für spirituelle Erfahrung und für die Begegnung miteinander, Menschen aus vielerlei Berufen und allen Altersstufen.

Von einem weiteren Ort der Begegnung von besonderer Art möchte ich noch berichten: Der Putz bröckelt an dem alten Gemäuer, doch die Lage ist umwerfend schön. Es geht um das Hotel Oasi vor den Toren von Cortona, inmitten von Ölbaumterrassen gelegen, ein ehemaliges Klostergebäude des Klarissinnenordens, das später in ein Priesterseminar des Redemptionistenordens umgewandelt wurde. Es liegt hoch oben am Berghang, von dem aus der Blick sogar ein Stück des Trasimenischen Sees erspäht, am Ende jener weiten toskanischen Ebene, wo jenseits im Abenddunst eine Bergpyramide verschwimmt, die schon zu den Höhen von Umbrien gehört.

Soeben ist die Sonne untergegangen, tiefrot in der westlichen Schicht des Abendnebels, etwas südlich von dem mittelalterlichen Bergstädtchen Cortona. Das Städtchen ist noch höher gelegen als das Hotel, seine Türme und Mauerzinnen heben sich jetzt scharf gegen das Nachleuchten im Westen ab.

Ich bin am Ende eines erfüllten Tages noch zum Städtchen hinaufgestiegen, der Faszination des immer intensiver aufglühenden Sonnenuntergangs nach. Jetzt habe ich gewendet, gehe wieder hinab zum Hotel, über dem der zunehmende Mond schon steht, direkt neben dem Kirchturm, dem Wahrzeichen des ehemaligen Klosters, das heute allgemein zugängliches Hotel ist, und der noch von seiner ursprünglichen Funktion zeugt.

Der Verputz der Klosterkirche ist allerdings mehr als bröcklig. Die Kirche, 1718 erbaut und seitdem alle hundert Jahre einmal restauriert, wird zwar gelegentlich benutzt, doch hat offenbar niemand das Geld für die Renovierung ihrer Außenmauern, und ein Franziskus, der dies aus Berufung täte, ist kaum in Sicht. Was sucht man heute im Hotel Oasi? Was mich seit einigen Jahren regelmäßig nach Cortona ins Hotel Oasi führt, ist eines der interessantesten Experimente einer europäischen Hochschule, einer technischen gar, das ich kenne, der Eidgenössischen Technischen Hochschule von Zürich. Ich vermute, dass das alte Hotel selten so in allen Räumen pulsiert, von Gesprächsgewirr, von Gelächter, aber auch von Musik, dem Hämmern und Klopfen derer, die draußen im weiten Garten Holz- und Metallplastiken, Masken und Musikinstrumente herstellen. Eine Sommerakademie? Etwas Ähnliches ist es schon und doch auch wieder etwas ganz Anderes.

Seit fünfzehn Jahren lädt Pier Luigi Luisi, Initiator und Organisator, alljährlich zur Cortona-Hochschulwoche ein. Seines Zeichens ist er Professor für Makromolekularchemie an der Eidgenössischen Technischen Hochschule. Die Idee ist, dass Studenten und Doktoranden der Hochschule zusammen mit ihren Professoren aus Zürich, aber auch aus der internationalen wissenschaftlichen Avantgarde eine Woche des gemeinsamen Forschens, Lebens und Erlebens gestalten, eine Woche, die alle Jahre unter dem gemeinsamen Thema »Naturwissenschaft und die Ganzheit des Lebens« steht. Jedes Jahr hat die Cortona-Woche jedoch zugleich ein eigenes Thema, das für »Cortona 2000« beispielsweise »Schöpfung – Creation« lautete. Während Fachleute der Astrophysik und der Molekularbiologie über die heutige wissenschaftliche Sicht des »Ursprungs der Sterne und des Universums« sowie über den »Ursprung des Lebens« aus erster Hand, auf eigenen Forschungen basierend, referieren, werden dem Programm, um der »Ganzheit des Lebens« willen, ungewöhnliche Perspektiven beigegeben, indem zum Beispiel ein buddhistischer Mönch aus Katmandu – zugleich ehemaliger Chemiedoktorand – über die buddhistische Sicht des Ursprungs der Welt und das Wesen der Wirklichkeit spricht und ein chinesischer Philosoph die altchinesischen Vorstellungen von der Energetik des Chi erläutert.

Die ETH Zürich ist die einzige Hochschule Europas – vielleicht der Welt? – , die eine solche Woche veranstaltet und auch finanziell mitträgt, allerdings verdankt sie sie der Initiatitive Einzelner, vor allem Luigi Luisis. Diese Cortona-Wochen – sie bestehen bereits seit fünfzehn Jahren – finden immer in diesem inspirierenden alten Gebäude statt mit seinen weiten Wandelgängen, seinem ehemaligen Kapitelsaal, in dem köstliche italienische Kost gereicht wird, mit seinem bezaubernden Garten voller Brunnen, Rosen, Oliven und Zypressen, mit seinem lichten Vortragssaal,

Hotel Oasi, Cortona

dessen Terrasse sich zum Garten hin öffnet und den Blick weit über die toskanische Ebene bis nach Umbrien hin schweifen lässt.

Doch die »Ganzheit des Lebens« bestand noch aus weitaus mehr, hier wurde das Thema »Schöpfung« in die schöpferische Tätigkeit der Teilnehmer umgesetzt, ein Bildhauer gab Anstöße dazu, ein Instrumentenbauer, eine Maskenbildnerin, so dass am Abschlussabend die Träger der selbstgefertigten Masken wie magische Gestalten aus dem Kiefern- und Zypressenhain im unteren Teil des Gartens traten und sich aus dem Geiste dessen, was sie als Maskenträger darstellten, in spontanen und doch rituell wirkenden Tanzschritten bewegten. Ein bannendes Schauspiel, nicht möglich ohne den Genius Loci dieses Ortes, und alles begleitet von den Musikinstrumenten, den Gongs, den Trommeln und Blasinstrumenten, die in diesem Garten entstanden waren, auf den Mäuerchen überall, die die terrassenförmige Anlage einfrieden, wo es sich gut hämmern, klopfen, formen und biegen ließ. Clowns, die einander bemalt hatten, mischten sich unter die Leute, spontanes Theater wurde inszeniert, und schließlich entstand ein Fest, das bis in die Morgenstunden dauerte, noch bei Sonnenaufgang konnte man einzelne Trommeln, Gongs und Flötenklänge hören, wie sie die ganze Nach durchtönt hatten.

Schöpferisches zu erleben, selbst Schöpfer zu sein, darauf kam es in diesen Workshops zum Thema »Schöpfung« an. In meinem Workshop, der im Freien stattfand, im Schutz der hohen alten Klostermauer und unter dem Murmeln eines Brunnens, lasen wir altgriechische Schöpfungsmythen, um die symbolische Sicht der Weltentstehung mit der wissenschaftlichen vergleichen zu können, lasen sie aber nicht nur, sondern ließen sie vor den inneren Augen imaginativ erstehen, um sie schließlich zu gemalten Bildern zu gestalten.

Dabei habe ich noch gar nicht erwähnt, dass jeder Tag mit verschiedenen Formen von Meditation, mit meditativem Tanz und Gesang begann, wozu sich das kapellenartige Gewölbe in der tiefsten Etage des Gebäudes besonders gut eignete. Wenn man von dort hinaustrat in den Garten und über die Brüstung schaute, füllte der Morgennebel meist noch die weite Ebene unterhalb des Anwesens von Oasi, doch ragte das Bergstädtchen Cortona mit seinen Türmen, Giebeln und Mauern bereits darüber empor und belebte sich zusammen mit den Sonnenstrahlen. Dieses Städtchen, dessen Stadtmauer noch die riesigen Steinblöcke der Etruskerzeit bewahrt, ist mit seinen Museen, Kirchen und Klöstern, seinen Toren und verwinkelten Gassen, mit den zahlreichen himmelhohen Treppen und seinen bunt belebten Plätzen selbst ein beseelter Hintergrund für die jährliche Cortona-Woche der ETH Zürich.

Auch kam hier eine schöne Verbindung zwischen der dortigen Bevölkerung, der toskanischen Kultur und der international besetzten Hochschulwoche zustande, indem im Herzen der Stadt, in dem alten Theater mit den hohen Arkadenbögen eine Veranstaltung der Hochschulwoche stattfand, eine musikalische Begegnung, bei der die Musikanten auf den ungewöhnlichsten Instrumenten einander zuspielten und dabei eine Performance zustande brachten, in der die »Ganzheit des Lebens« auf der einen Welt so überzeugend zum Ausdruck kam wie während der ganzen Cortona-Woche.

Der Mond stand voll am Himmel, als wir aus dem Theater in die warme Septembernacht hinausschwärmten, in der sich auf den Treppenstufen und in den engen belebten Straßen und Plätzen die jungen und alten Teilnehmer der akademischen Cortona-Woche, das köstliche toskanische Joghurt-Eis schleckend wie die Jugend der Stadt, mit den Einheimischen und den Herbstferiengästen vermengten und das Stimmengewirr und Gelächter auf den Plätzen um neue Sprachen und Töne bereicherten.

Der Kurzbericht über die Cortona-Woche, den ich per Fax an eine Schweizer Freundin schickte, mag die Atmosphäre jener Woche noch einmal zusammenfassen:

»Es ist telefonisch fast nicht durchzukommen, weil die etwa 200 Leute hier im Hotel ständig in die Schweiz zu telefonieren versuchen. Ich hab es auch heute Morgen schon etwa 10 mal vergeblich versucht. Deshalb jetzt per Fax: Es ist wieder hochinteressant hier, das schöne großzügige Ambiente und ein tolles Programm: Theorien von der Entstehung des Universums und des Lebens, konfrontiert mit chinesischer Philosophie und buddhistischen Lehren über viele Universen ohne Anfang und Ende. Zum ersten Mal berührte mich diese Vorstellung nicht nur intellektuell, sondern auch tiefer emotional. Gestern ein Vortrag über neue Wissenschaftsparadigmen und das sich daraus ableitende Wissenschaftsethos: dies hätte auch unsere Überlegungen zur Chance und Gefahr der Globalisierung angeregt. Mein Workshop über Schöpfungsmythen ist gut angelaufen, auch jene Studentin, die mich seinerzeit nachts am Seeweg getroffen und auf Cortona angesprochen hat, ist dabei. Auch ein Physiker, der über Weltentstehungstheorien sprach und dazu herrliche Fotos aus dem Weltraum zeigte, imaginiert und malt mit uns zu den Schöpfungsmythen. Gestern war freier Nachmittag, da war ich wieder in der Franziskus-Zelle und habe dort fotografiert. Wunderbare Stille dort, eine spirituelle Atmosphäre, schönes warmes Nachmittags- und Abendlicht. Ich bin auf einem Waldpfad zurückgewandert, den vielleicht auch Franziskus schon benutzt hat. Die Dämmerung brach schon herein, als ich durch das sehr tiefe Tal, in das der Weg von Le Celle aus hinuntergeführt hatte, wieder hinaufgestiegen war nach Cortona und von dort dann den Weg zum Hotal Oasi nahm. Auf dem Sträßchen zwischen Stadt und Hotel begegnete mir eine ganze Reihe unserer Studierenden, die einander und auch mich wie alte Freunde begrüßten. Man wächst hier richtig zusammen ...«

Hotel Oasi, Cortona

Hotel Oasi, Cortona

15. Ausklang

Am Ende meines weiten Erinnerungsweges zu den Orten, deren Beseelung ich zu spüren vermochte, versuche ich noch einmal zusammenzufassen, was es war, das meine Psyche an bestimmten Plätzen so stark in Resonanz versetzte dass ich diese Orte als »beseelt« empfand. Was war es also?

Es war die Lage eines solchen Ortes in seiner natürlichen Umgebung, der Genius Loci. Es war die Stimmigkeit einer Anlage, die Proportion eines Bauwerks, die gelungene Gestalt, das überzeugende Zusammenspiel von Gestaltung und Bedeutung.

Es war die Geschichte dieses Ortes, waren die religiös-spirituellen, soziokulturellen und politischen Zusammenhänge, die sich an einer bestimmten Stelle mit der Geschichte und den spirituellen Zusammenhängen meines eigenen Lebens trafen und verbanden.

Es waren Kult und Ritual, war Musik, Tanz und Theater, die an diesem Ort stattfanden und gepflegt wurden, die mich von weither ansprachen und jetzt neu einbezogen.

Es waren die Menschen, die zu diesem Ort gehörten, die ich dort traf, denen ich begegnete, real wie die Tuareg-Frau in der Nähe des Erg Admer, imaginativ wie die heute noch lebendigen spirituellen Gestalten Hildegard von Bingen oder Franz von Assisi.

Es waren aber nicht weniger die heutigen Menschen, die mich zu diesen Orten begleiteten und so die Beseelung dieser Orte mit mir zusammen erlebten und teilten, so dass gleichsam eine interpersonelle Verifikation solcher Orte und ihrer Beseelung stattfand, die Kommunizierbarkeit solcher Erfahrungen sich bewährte.

Auch die Frauen und Männer, die kundig und kompetent durch solche Orte führten, die Stätten geistig und seelisch erschlossen wie Marianne Buttigieg die Tempel auf Malta, gehören zu den Wirkungsfaktoren, die Beseelung auslösen.

Vor allem war es die adäquate Gestimmtheit meiner Psyche, die solche Resonanzerfahrungen machen und bewahren konnte, so dass sie in der

Erinnerung bis heute nachklingen und sich jederzeit neu wachrufen und beleben lassen.

Ob darüber hinaus bestimmte Kräfte der Erde oder des Himmels, kosmo-terrestrische Energien also, zu der Beseelung solcher Orte beitragen, will ich zuletzt noch einmal fragen. Ich kann es nicht ausschließen, aber auch nicht beweisen. Dass tibetische Klöster auf dem Dach der Welt andere klimatische Bedingungen haben, klarere und dünnere Luft als wir, was auch ein anderes geistig-seelisches Klima ergeben mag, ist unbestritten und ist gewiss sehr bedenkenswert; dass die Mönchsgemeinschaft auf dem Skellig Michael hautnah Teil hatte an den salzhaltigen feuchten Winden, an den Gezeiten des Meeres, an der Anziehungskraft des Mondes und der Wucht der westlichen Stürme, hat vielleicht ihr geistig-seelisches Klima und Wachstum mehr beeinflusst als wir ahnen.

Dass es heilende Erdstrahlung gibt, nachgewiesene Radonstrahlung wie in dem Heilstollen von Bad Gastein, lässt sich nicht bezweifeln, und von daher ließe sich darauf schließen, dass es auch an anderen unterirdischen Orten eine energetische Erdstrahlung geben könnte, die Heilung oder auch andersartige Energetisierung bewirken kann. Die Heilkraft des Wassers beispielsweise aufgrund seines Mineralgehaltes oder auch anderer noch nicht voll erforschter Faktoren ist bekannt und mag Quellorten aus alter und neuer Zeit eine besondere Energie und Beseelung verleihen. Dies gilt auch bezogen auf die Gestirne, auf deren Konstellationen und Energien offenbar viele alte Heiligtümer ausgerichtet waren, vom englischen Stonehenge bis zum irischen New Grange oder dem Inselheiligtum Gavrinis vor der bretonischen Küste. In der Kathedrale von Chartres kann man an einem bestimmten Tag im Jahr einen Sonnenstrahl wahrnehmen, der genau auf eine bestimmte, dafür vorgesehene Stelle des Raumes trifft. In vielen alten Gebäuden ist ein solches Zusammentreffen auf die Sonnwendzeit des Winters oder des Sommers festgelegt, auf die Sonnwendzeiten, denen später auch christliche Feste wie Weihnachten oder Johanni zugeordnet wurden.

Es ist keine Frage, dass alle Orte der Erde und unser Erleben dort auch den Tages- und Jahreszeiten und damit den wechselnden Kräften der Erde und des Himmels, den kosmo-terrestrischen Energien zugeordnet sind. Auch dies gehört zu ihrer Beseelung.

Von dieser weiten Perspektive kommend, will ich zuletzt meinen Blick dem persönlichen Raum zuwenden, in dem ich lebe und arbeite. Kann ich auch dort »Beseelung« erfahren? Es gibt Stunden im späten Herbst, in denen sich das schräge Licht so warm an den Holzbalken meines Arbeitszimmers bricht, dass sie in goldgelben und goldbraunen Tönen aufleuchten. Das sind Momente, in denen mich ein tiefes Gefühl des Beimir-Seins, das Gefühl, bei mir zu Hause zu sein, überkommt. Es können Momente sein, in denen ich allein bin in dem Raum mit seiner Balkendecke, deren leichte Abschrägung an ein Zeltdach erinnert, an ein »Dach über dem Kopf« im ausdrücklichen Sinn des Wortes. Manchmal prasselt der Regen auf dieses Ziegeldach und gibt mir erst recht das Gefühl, ein Dach über dem Kopf zu haben.

Blick aus dem Fenster auf St. Georg in Konstanz-Allmannsdorf

Aus dem Fenster blickend sehe ich auf ein weiteres steiles Dach aus alten Ziegeln, das Dach des Nachbarhauses, und wenn ich mich ein wenig vorbeuge, erkenne ich auch das grün-rot bemooste Ziegeldach einer alten Dorfkirche, St. Georg in Konstanz-Allmannsdorf. Sogar der Turm hat einen warm-roten Ziegelhelm über einem hölzernen Kragen. Auf der anderen Seite des Raumes sieht man hinaus zum ehemaligen Wasserturm der Stadt, der auf einer Anhöhe, einer gewissen Erhebung über dem Bodensee steht.

Doch sehe ich dieses Licht, das mir innere Wärme und Stille vermittelt, nicht nur dann, wenn ich alleine bin. Es ist sogar besonders beglückend, wenn ich es auch mitten im therapeutischen Gespräch wahrnehme. Es ist dann, als durchdringe dieses warme Licht eine Zeitlang all unsere Worte und Gesten.

Dann ist auch der Raum, in dem ich arbeite, beseelt. Die Beseelung entsteht aus dem Zusammenklang des Raumes, seiner Fenster und hölzernen Balken mit dem Sonnenlicht und der jeweiligen Jahreszeit. Auch der Zusammenklang des Raumes mit dem Regen, den ich auf die schrägen Fenster prasseln höre, kann beseelt sein. Beseelung entsteht aber erst, wenn ich sie wahrnehme durch mein Auge und meine Psyche; wenn sich eine Resonanz in mir ergibt und auch in meinem Klienten, erst dann entfaltet diese Beseelung sich ganz. Ein beglückender Zusammenklang kann in solchen Momenten entstehen zwischen uns Menschen im Raum, zusammen mit dem Raum und dem Licht, das ihn aufleuchten lässt.

In solchen Momenten kommt mir manchmal in den Sinn, dass es Jakob Böhme war, der schlesische Schuster und Mystiker, der auf die Frage nach Zeit und Ort seiner besonderen Erfahrung nur sagen konnte, es sei dann gewesen, wenn das Licht auf ein Zinngefäß in seiner Schusterstube fiel.

Beseelung zu erfahren, braucht auch den Kairos dafür, den günstigen Moment, den erfüllten Augenblick.

Anmerkungen

1 Schäfer, Martina (2000) Die magischen Stätten, S. 20
2 Göttler, Gerhard (1986) Die Tuareg, S. 87ff.
3 Ziegler, Wolfgang (1974) Irland, S. 164ff.
4 Tillich, Paul (1991) Der Mut zum Sein.
5 Schäfer, Martina (2000) Die magischen Stätten, S. 20
6 Merz, Blanche (1999) Orte der Kraft, S. 13-28
7 Teichmann, Frank (1991) Der Mensch und sein Tempel, S. 148ff.
8 Charpentier, Louis (1999) Die Geheimnisse der Kathedrale von Chartres
9 Dürr, Hans Peter (2000) Wege in die Zukunft
10 Eliade, zit. in: von Reden, Sibylle, Neubert, Sigrid (1988) Die Tempel von Malta, S. 46
11 Lenk, Elisabeth, zit. in: Ebd., S. 62
12 Schäfer, Martina (2000) Die magischen Stätten, S. 21
13 Ebd., S. 22
14 Ebd., S. 22
15 Di Vita Antonino u.a. (1999); Das antike Libyen. S. 146ff.
16 Diversy, Alfred (1996) Steine an der Grenze
17 von Reden, Sibylle, Neubert, Sigrid (1988) Die Tempel von Malta. S. 89
18 Buttigieg-Jeklin, Marianne (1991) Malta, S. 224
19 von Reden, Sibylle, Neubert, Sigrid (1988) Die Tempel von Malta, S. 18
20 Buttigieg-Jeklin, Marianne (1991) Malta. S. 136
21 von Reden, Sibylle, Neubert, Sigrid (1988) Die Tempel von Malta. S. 17
22 Ebd., S. 18
23 Steinke, David (1995) Libyen
24. Di Vita, Antonino u.a. (1999) Das antike Libyen, S. 146ff.
25 Korte, Sabine, Weigold, Matthias (1992) Irland, S. 64
26 Shaw, Bernhard, zit. in Ebd., S. 64
27 Korte, Sabine, Weigold, Matthias (1992) Irland. S. 62
28 Ebd., S. 62
29 Ebd., S. 63
30 Ebd., S. 58
31 Ziegler, Wolfgang (1974) Irland
32 Die Frau, die auszog, sich ihren Mann zurückzuerobern. In: Märchen aus Mallorca, (1968) Die Märchen der Weltliteratur, Diederichs, Düsseldorf, S. 248ff.
33 Staab, Franz (1998) Aus Kindheit und Lehrzeit Hildegards, in: Forster (1998), S. 58-86
34 Rapunzel in Brüder Grimm, Kinder- und Hausmärchen, Nr. 12
35 Jorinde und Joringel in Brüder Grimm, Kinder- und Hausmärchen Nr. 69
36 Nikitsch, Eberhard (1998) Kloster Disibodenberg
37 Ebd., S. 12
38 Zit. in Riedel, Ingrid (1994) Hildegard von Bingen, S. 18
39 Zit. in Ebd., S. 1
40 Zit. in Ebd., S. 108
41 Riedel, Ingrid (1985) Marc Chagalls Grüner Christus, S. 91ff.

42 Vergleiche den rekonstruierten Plan des Klosters in: Nikitsch, Eberhard (1998) Kloster Disibodenberg
43 Zur Entstehungsgeschichte des Rupertsberger Codex: Saurma-Jetsch in: Forster, Edeltraud (Hg) (1998) Hildegard von Bingen, S. 340 ff
44 Staab, Franz (1998) Aus Kindheit und Lehrzeit Hildegards, in: Forster (1998), S. 81-96
45 Teichmann, Frank (1991) Der Mensch und sein Tempel. S. 172-178
46 Farbtafel I aus: SCIVIAS in: Riedel, Ingrid (1994) Hildegard von Bingen
47 Zit. in Ebd., S. 12
48 Nikitsch, Eberhard (1998) Kloster Disibodenberg, S. 44
49 Farbtafel II aus dem Lucca Codex, in: Riedel Ingrid (1994) Hildegard von Bingen
50 Hildegard von Bingen, Briefwechsel (1965) übersetzt und kommentiert von Adelgundis Führkötter, Otto Müller, Salzburg, S. 94 ff.
51 Riedel, Ingrid (1994) Hildegard von Bingen
52 Vgl. auch C. G. Jung, GW 9/1, § 291
53 Franziskanische Quellenschriften (1962) Nr. 7, S. 365
54 Bonaventura, zit. in: Franziskanische Quellenschriften, Nr. 7, S. 365
55 Franziskanische Quellenschriften (1962) Nr. 5, S. 265-301
56 Legende von Perugia. In: Franziskanische Quellenschriften (1962) Nr. 5
57 Spiegel der Vollkommenheit. In: Franziskanische Quellenschriften (1962) Nr. 5, S. 31
58 Celano. In: Franziskanische Quellenschriften (1962) Nr. 5, S. 180
59 Ebd., S. 306
60 Ebd., S. 306
61 Ebd., S. 306
62 Bullierte Regel von 1223 in: Franziskanische Quellenschriften (1962) Nr. 1, S. 169
63 Legende von Perugia. In: Franziskanische Quellenschriften (1962) Nr. 5, S. 43.
64 Teichmann, Frank (1991) Der Mensch und sein Tempel, S. 58
65 Merz, Blanche (1999) Orte der Kraft, S. 13-28
66 Teichmann, Frank (1991) Der Mensch und sein Tempel, S. 21
67 Charpentier, Louis (1999) Die Geheimnisse der Kathedrale von Chartres.
68 Teichmann, Frank (1991) Der Mensch und sein Tempel. S. 272
69 Ebd., S. 278
70 Ebd., S. 278
71 Vgl. Sobik, Helge (1999), Finnland, S. 54. Ein spezieller Führer zur Temppeliaukio-Kirkko wird von der Gemeinde Lutherinkatu, Luthergatan 3 in Helsinki vertrieben.
72 Reiseführer Finnland
73 Diversy, Alfred (1996) Steine an der Grenze
74 Ebd., zu Karoly
75 Ebd., zu Karoly
76 Ebd., S. 35
77 Ebd., zu Wojciechowiez

Literatur

Buttigieg-Jeklin, Marianne (1991) Malta, Artemis, München
Charpentier, Louis (1999) Die Geheimnisse der Kathedrale von Chartres, Gaia, Köln
Diversy, Alfred (1996) Steine an der Grenze. Die Skulpturenlandschaft des Saargaus, Gollenstein, Blieskastel
Di Vita, Antonino u.a. (1999) Das antike Libyen. Vergessene Stätten des römischen Imperiums. Könemann, Köln
Dürr, Hans Peter (1985) Traumzeit, Frankfurt
Dürr, Hans Peter (2000) Wege in die Zukunft. Tonkassetten, Auditorium Netzwerk, Müllheim
Eliade, Mircea (1954) Die Religionen und das Heilige, Salzburg
Eliade, Mircea (1984) Kosmos und Geschichte, Frankfurt
Forster, Edeltraud (Hg) (1998) Hildegard von Bingen. Prophetin durch die Zeiten, Herder, Freiburg
Franziskanische Quellenschriften (1962 ff.), Bände 1-7, Werl
von Freeden, Joachim (1993) Malta und die Baukunst seiner Megalith-Tempel, WBG, Darmstadt
Führkötter, Adelgundis (1965) Hildegard von Bingen. Briefwechsel. Otto Müller, Salzburg
Göttler, Gerhard (1986) Die Tuareg. Kulturelle Einheit und regionale Vielfalt eines Hirtenvolkes, Dumont, Köln
Göttler, Gerhard (2000) Libyen. Von Leptis Magna zum Wau an Namus. Reise Know-How, Dörr Verlag, Hohentann
Jung, Carl-Gustav, Gesammelte Werke Bd. 9/1, § 291, Walter, Olten
Kern, Hermann (1982), Labyrinthe. Erscheinungsformen und Deutungen. 5000 Jahre Gegenwart eines Urbildes, Prestel-Verlag, München
Korte, Sabine, Weigold, Matthias (1992) Irland. Begegnungen mit Ruinen, Sagen und Erdgeistern, Goldmann, München
Kröll, Ursula (1998) Das Geheimnis der Schwarzen Madonnen. Entdeckungsreisen zu Orten der Kraft, Kreuz, Stuttgart
Lenk, Elisabeth (1983) Die unbewusste Gesellschaft, München
Merz, Blanche (1999) Orte der Kraft. Stätten höchster kosmo-terrestrischer Energie, AT-Verlag, Aarau
Merz, Blanche (2000) Die Seele des Ortes, AT-Verlag, Aarau
Meyer, Albrecht (1974) Gavrinis. Bretonische Felsbilder aus alteuropäischer Mysterienwelt, Freies Geistesleben, Stuttgart
Nikitsch, Eberhard (1998) Kloster Disibodenberg. Kunst und Kultur im mittleren Nahetal. Großer Kunstführer, Band 202, Schnell und Steiner, Regensburg
von Reden, Sibylle (1978) Die Megalith-Kulturen. Zeugnisse einer verschollenen Urkultur, Dumont, Köln
von Reden, Sibylle, Neubert, Sigrid (1988) Die Tempel von Malta. Das Mysterium der Megalithbauten, Gustav Lübbe, Bergisch-Gladbach
Riedel, Ingrid (1985) Formen. Kreis, Kreuz, Dreieck, Spirale. Kreuz, Stuttgart
Riedel, Ingrid (1985) Marc Chagalls Grüner Christus, Walter, Olten

Riedel, Ingrid (1994) Hildegard von Bingen. Prophetin der kosmischen Weisheit, Kreuz, Stuttgart

Riedel, Ingrid (1999) Seelenruhe und Geistesgegenwart, Walter, Düsseldorf

Schäfer, Martina (2000) Die magischen Stätten der Frauen. Heinrich Hugendubel, Kreuzlingen, München

Sobik, Helge, Finnland, Reihe Merian life, München 1999

Soldini, Giovanna M. u.a.(1983) Tuareg. Leben in der Sahara. Völkerkunde Museum der Universität Zürich

Staab, Franz (1998) Aus Kindheit und Lehrzeit Hildegards. In: Forster (1998), S. 58-86

Steinke, David (1995) Libyen. Reise-Handbuch. Conrad-Stein, Kronhagen

Teichmann, Frank (1991) Der Mensch und sein Tempel. Chartres, Schule und Kathedrale, Urachhaus, Stuttgart

Terhart, Franjo (1994) Bretagne. Land des Ankou, der Menhire und der Zauberwälder, Knaur, München

Tillich, Paul (1991) Der Mut zum Sein, Walter de Gruyter, Berlin

Tillich, Paul (1991) In der Tiefe ist Wahrheit, Evangelisches Verlagshaus, Berlin

Willeitner, Joachim, Dollhof, Helmut (1998) Libyen. Von den Felsbildern des Fezzan zu den antiken Stätten am Mittelmeer, Hirmer, München / Wissenschaftliche Buchgesellschaft, Darmstadt

Ziegler, Wolfgang (1974) Irland. Kunst, Kultur und Landschaft, Dumont, Köln

Bildnachweis

© AKG Berlin/Erich Lessing: S. 26/27, 29, 33, Mnajdra
© AKG Berlin/Stefan Diller: S. 90, 104/5, Disibodenberg
© AKG Berlin: S. 116, 117: Le Celle, Cortona
© Ruth Amann: S. 197
© Becker &Bredel: S. 178, 186, Steine an der Grenze
© dpa/Thomas Schmidt: S. 152/3, Tempeliaukio
© J. Hofmann: S. 13, 71
© Verena Kast:
S. 11, 30, 31, 32, 34, 35, 36, 37, 38, 41, 51, 56, 58, 59, 60, 62, 63, 64, 65, 68, 75, 79
© J. Müller-Nienstedt: S. 165
© I. Riedel:
S. 82, 86, 87, 93, 96, 99, 100, 102, 118, 120, 121, 122, 127, 129, 166, 171, 176, 177, 180, 181, 182, 183, 184, 185, 199, 203, 206, 207, 211.
© Ullstein Bilderdienst/dpk: 131, Pays-de-la-Loire, Chartres
© Ullstein Bilderdienst/Frank Lehmann: S. 190, Kassel
© Ullstein Bilderdienst/OTTO, S. 189, Schweinfurt
© Ullstein Bilderdienst/Gerd Schnürer: S. 6, Fuerteventura
© Werner Stuhler: S. 188, Lindau
© Margit Wegener: S. 137, 143

Leider konnten nicht in allen Fällen die Bildquellen bzw. Rechteinhaber ermittelt werden. Das obige Verzeichnis ist also nicht lückenlos.
Für Hinweise sind wir dankbar.

Die Deutsche Bibliothek CIP-Einheitsaufnahme
Ein Titeldatensatz für diese Publikation ist bei
Der Deutschen Bibliothek erhältlich

1 2 3 4 5   05 04 03 02 01

Ein Unternehmen der Verlagsgruppe Dornier
Postfach 80 06 69, 70506 Stuttgart, Tel. 0711-78 80 30
Sie erreichen uns rund um die Uhr unter www.kreuzverlag.de
Umschlaggestaltung: Jürgen Reichert
Satz: Rund ums Buch – Rudi Kern, Kirchheim/Teck
Druck und Bindung: Bosch Druck, Landshut
Die Schreibweise entspricht den Regeln der neuen Rechtschreibung.
ISBN 3 7831 1984 7